Conversaciones sobre gestión sanitaria

Miguel Ángel Máñez Ortiz

© Miguel Ángel Máñez Ortiz, 2018

ISBN: 9781976857959

Todos los textos han sido publicados originalmente en el blog Salud con Cosas (https://saludconcosas.blogspot.com.es)

Contacto con el autor: manyez@gmail.com
Twitter: @manyez

Algunos derechos reservados

Licencia CC no comercial, atribución, SA compartir igual

Este libro se distribuye bajo una licencia de tipo Creative Commons, lo que significa que puede ser compartido de forma gratuita siempre que se cite al autor, no se haga un uso comercial de sus contenidos y se distribuya bajo la misma licencia.

A todas las personas que, pese a todo, siguen ahí.
A mis amigos, que siguen pensando que estoy un poco loco.
A mi familia.
A Cris (y a Pris), por su paciencia infinita.

Índice

Introducción 9
1. El directivo y la gestión sanitaria 11
    Vicios gerenciales 12
    Gestión sanitaria basada en la (e)videncia 14
    Cuestión de confianza 16
    Hard y soft: prejuicios en gestión sanitaria.................... 19
    Profesionalización del directivo sanitario: esperando un milagro 21
    Los 7 pecados capitales de la gestión sanitaria............... 23
    Cuentos chinos para gestores sanitarios 26
    Todos somos contingentes pero tú eres necesario 28
    Contratación pública: si no sirve, no se compra............ 30
    El gerente y los determinantes sociales de la salud 33

2. El liderazgo 37
    Nueve mitos y una nota al pie sobre liderazgo................ 38
    Personas y resultados: ¿separados al nacer? 41
    No existe el líder perfecto 43
    Tóxico 45
    Liderazgo en tiempos de… falta de liderazgo 48
    Líder de postal 51
    La ética y los jefes 53
    Tecnología y organización: sospechosos habituales 55
    El que se mueve no sale en la foto: la desobediencia en las organizaciones sanitarias 57
    Carnet por puntos 59
    Elogio de la ingenuidad 60
    Rebeldes con causa (y sin apoyo)...................................... 61

3. Incentivos y motivación 63
    La brecha entre la evidencia y la acción: el dilema del profesional 64
    Incentivos para promover el cambio 68
    Incentivos: ¿es ético que Sonia cobre menos que Sara? 72
    El problema de los incentivos: a propósito de un caso. 75
    Motivación: más allá del dinero.. 76
    El equipo Ébola y la motivación.. 79
    Motiva(c)cion: buscando la palanca de cambio 81

4. Calidad e innovación 83
La satisfacción del paciente: prioridades y excesos 84
Calidad: a veces hay que volver a los clásicos 86
Calidad asistencial y experiencia del paciente: ¿conectados? 88
Mystery shopping en organizaciones sanitarias 90
¿Sirve Twitter y Facebook para mejorar la calidad? 93
Innovación basada en el glamour 95
El sesgo de la opinión online 97
¿El EFQM mejora los resultados de las organizaciones sanitarias? 99
Robots vendo y para mí no tengo 102
La zona de alcanfor 104
Las prisas y la innovación tecnológica 107
Cinco estrellas 109
¿Tres son multitud? El escriba en la consulta 111

5. Transparencia y política sanitaria 115
Después de la transparencia (está la playa) 116
Si lo haces mal, mejor no lo hagas... El caso del St Mary's Medical Center 118
Los líderes, la transparencia y la mejora de la calidad. 120
Ya tenemos los datos: ¿y ahora qué hacemos? 123
La opinión pública y la política sanitaria 127
Lo del impuesto de las bebidas azucaradas en 10 puntos 129

6. Aprendizaje y gestión del conocimiento 133
Cuando el conocimiento acaba en la estantería #cambiacongreso 134
Aprendiendo en los pasillos 136
Liderazgo y formación 139
El fin de los congresos aburridos: ¿probamos con una desconferencia? 141
¿Sueñan los gerentes con bases de datos? 145
Formación en gestión sanitaria: ¿nuevas materias para nuevos tiempos? 147
Artículos científicos al peso: algo hay que hacer 149

Introducción

Este libro recopila 55 entradas publicadas en el blog Salud con Cosas, principalmente durante los años 2016 y 2017. Aunque la mayoría de las entradas se han reproducido de forma idéntica al original, en algunos casos hay correcciones de estilo o gramaticales. Además, algunas referencias y citas se han eliminado para mejorar la experiencia de lectura. No obstante, para conocer el texto original, se puede visitar el blog.

Feliz lectura. Os recomendamos como música de acompañamiento: Band of Horses, Wilco, Jorge Drexler, Quique González, Iván Ferreiro, Lapido, Kings of Convenience, Jacobo Serra, Van Morrison, Senior i el Cor Brutal, Neils Cline, Cranberries, Jeff Buckley, Robert Ellis, La Habitación Roja, Jero Romero, Xoel López, Tom Petty, Coque Malla, Radiohead, Marvin Gaye y The New Raemon.

1. El directivo y la gestión sanitaria

Vicios gerenciales
(Publicado originalmente el 15/04/2015)

Pueden parecer chistes, pero estas frases son un clásico en la gestión hospitalaria. No todos los directivos son así, pero algunos quedan, de hecho, todas las frases son verídicas. Menos mal que el tiempo pasa y llegan nuevos estilos, afortunadamente para profesionales y pacientes.

Ejemplo 1
—En el hospital que yo dirigía antes, esto se hacía así y era mejor. Así que vamos a cambiarlo.

Ejemplo 2.
—Me da igual la ley. Hay que hacerlo y ya está.

Ejemplo 3.
—Lo importante es no salir en prensa.

Ejemplo 4.
—Esta noticia ha salido en medios digitales
—Ah menos mal, eso no cuenta

Ejemplo 5.
—Aquí parece que lleváis cinco años sin hacer nada para mejorar.

Ejemplo 6.
— ¿Quién ha hecho esto? ¿Quién es el culpable?

Ejemplo 7
—Fulanito no ha podido ser. Nunca se equivoca. Seguro que ha sido su equipo que son unos vagos.

Ejemplo 8
—Voy a bajar a quirófano a ver porque esa puerta no se abre. Si

no baja el gerente a estas cosas, parece que no se arregla nada.

Ejemplo 9
—Y dale con proponer cosas nuevas. Ya tenemos bastante con nuestros problemas.

Ejemplo 10
—Al final tendré que ponerme yo a dar altas.

Ejemplo 11
—Cuando se adjudica el contrato de X?
—Aún queda un mes, hay que dejar un plazo para recurso.
—Siempre inventando cosas.
—Lo dice la ley de contratos.
— ¿Seguro?

Ejemplo 12
—Qué manía con hacerlo así. En centrales me dijeron que era de otra forma.
—La norma ha cambiado.
—A ver, ¿quién manda aquí? Ellos mandan, pues se hace como dijeron y punto.

Ejemplo 13
—Si no fuera por mí, no cumpliríais objetivos.

Ejemplo 14
—Si funciona, para qué cambiarlo.

Ejemplo 15
—Ya está el pesadito que lee revistas científicas.

Gestión sanitaria basada en la (e)videncia
(Publicado originalmente el 31/10/2017)

Es paradójico que el uso de la evidencia sea clave en la toma de decisiones en el mundo sanitario, y sin embargo en el terreno de la gestión sanitaria, la evidencia sea algo secundario. Por eso, nos ha gustado mucho leer un reciente artículo[1] publicado en PLOS bajo el título "*Managerial attitudes and perceived barriers regarding evidence-based practice: An international survey*". Los resultados y las conclusiones no tienen desperdicio.

Primero es conveniente aclarar qué es la llamada gestión basada en la evidencia. En el propio artículo señalan que su definición implica integrar la evidencia científica con la experiencia individual en el contexto de las características de la organización. Entonces, ¿en qué basan sus decisiones los directivos? Como era de esperar, un 91% en la experiencia personal, 64% en la intuición, 62% en el conocimiento adquirido mediante formación, 59% por consejos de otros colegas y solo un 34% en la literatura sobre gestión. De hecho, cuando se pregunta por la frecuencia sólo un 27% decía leer siempre o con frecuencia artículos científicos cuando tiene que tomar una decisión.

La actitud de los directivos frente a la gestión basada en la evidencia es muy positiva (o al menos eso indican las respuestas), incluso se reconoce que la evidencia puede ayudar a un mejor desempeño del trabajo y que es conveniente que la educación formal (masters, por ejemplo) incluya alguna asignatura sobre evidencia. Sin embargo, pese a esta actitud tan positiva, las barreras que señalan los directivos son muy conocidas: falta de tiempo y dificultad para entender la evidencia (¿idioma?). Incluso algún directivo entrevistado señala que no es fácil acceder a la evidencia para temas concretos,

---

[1] Barends, E., Villanueva, J., Rousseau, D. M., Briner, R. B., Jepsen, D. M., Houghton, E., & ten Have, S. (2017). Managerial attitudes and perceived barriers regarding evidence-based practice: An international survey. PloS one, 12(10), e0184594.

lo que puede resolverse con formación en búsquedas bibliográficas y también el manejo habitual de bases de datos científicas y de evidencia.

Dado que la actitud es positiva (¿quién se va a oponer al uso de la evidencia?), quizás sea el momento de hacer un esfuerzo promoviendo:

1. La investigación en el campo de la gestión sanitaria (incluyendo el uso de datos).
2. La difusión de resultados de investigación, como por ejemplo la revista de publicaciones secundarias Gestión Clínica y Sanitaria[2], la web (creemos que sin actualizar desde 2014) Evidencias en gestión clínica y gestión de servicios de salud[3] o blogs como El Gerente de Mediado[4] o Avances en Gestión Clínica[5]. Y no solo eso, también en otros blogs, en twitter, etc.
3. La formación a directivos y gestores en el uso de evidencia en la toma de decisiones y en el manejo de bases de datos de evidencia científica. Seguro que los bibliotecarios están encantados de asesorar en alguna búsqueda concreta al gerente.
4. Y para acabar, el compromiso de los centros y sociedades que organicen jornadas sobre gestión sanitaria por incorporar mesas y ponentes centrados en la aplicación de evidencia científica a las decisiones directivas. Será el momento de empezar a pedir en las jornadas sobre gestión que las presentaciones incluyan referencias bibliográficas.

Evidencia y experiencia, sí por favor. Y si le añadimos participación y transparencia, mucho mejor. En ocasiones, más que evidencia, el exceso de intuición parece invitar a pensar en una gestión basada en la videncia (o en la eminencia).

---

2 Accesible a través del enlace: http://www.iiss.es/gcs/
3 Accesible a través del enlace: http://www.evidenciasaludandalucia.es/
4 Accesible a través del enlace http://gerentedemediado.blogspot.com.es/
5 Accesible a través del enlace http://gestionclinicavarela.blogspot.com.es/

Cuestión de confianza
(Publicado originalmente el 16/03/2017)

Hace unos días estuvimos debatiendo sobre trabajo en equipo en el ámbito de las organizaciones sanitarias con un grupo de directivos y mandos intermedios de un hospital. Dos de los elementos clave para el fortalecimiento de los equipos asistenciales que se pusieron sobre la mesa fueron la confianza y el compromiso.

Respecto al compromiso, esa palabra tan vapuleada en los últimos años, hay que entenderla como una identificación con los valores de la organización y con la organización en sí misma. Esa adhesión emocional, derivada de un contrato psicológico, hace que el profesional quiera estar en la organización (compromiso afectivo). A esto hay que unirle el compromiso normativo asociado a la lealtad y al deber moral. Hay otro tipo de compromiso que en nuestro análisis tiene un papel secundario: el de continuidad (asociado al contrato de trabajo y a la posible penalización por abandono).

La base más emocional de este compromiso está ligada a la confianza que tiene el profesional en la organización. Y, sin embargo, el nivel de confianza basal o de partida suele ser muy bajo en el caso de las organizaciones sanitarias. El profesional desconfía habitualmente de la organización para la que trabaja, piensa que le va a engañar, que esconde un as en la manga o que sus valores son más oscuros de lo que parece. ¿Es lógica esta desconfianza institucional? ¿Cuál es el origen de esta situación que tanta influencia puede tener en la motivación y en el desempeño de los trabajadores?

En primer lugar, el histórico de acciones relacionadas con la crisis como las reducciones salariales, los despidos masivos en la administración pública sanitaria, etc. Además, un problema añadido es la situación de confianza en cascada: puede que en un hospital público el clima laboral sea bueno y los líderes estén muy bien valorados, pero hay ciertas decisiones estratégicas que vienen de muy arriba y que pueden minar la confianza existente. Esta situación provoca también el cansancio de los directivos dado que no pueden tomar las decisiones más adecuadas para el centro que dirigen.

Un estudio[6] del año 2014 muestra 5 elementos que configuran la confianza de los trabajadores en la organización: preocupación por los trabajadores, sinceridad y honestidad, identificación con los valores, veracidad y consistencia del comportamiento directivo, competencia y eficiencia. En dicho estudio, el elemento que mejor predice la confianza es la preocupación por los trabajadores.

Además de los cinco elementos que determinan la confianza, hay dos aspectos que queremos destacar y que son casi transversales a todo lo que hemos comentado: la comunicación y la función directiva. Nunca nos cansamos de decirlo: la comunicación interna es un factor determinante para que el empleado perciba y conozca adecuadamente las acciones de la organización. Además, es esencial conocer otros canales alternativos (radio macuto, sindicatos, etc.) y anticiparse a ellos, ya que, si el último en informar es el jefe/directivo, puede dar la imagen de lentitud o de ocultar algo.

Respecto a la función directiva, hay algunos estudios[7] que empiezan a asociar el papel del directivo con los resultados asistenciales, pero hay algo más: la influencia de jefes y directivos en el trabajador, el papel del liderazgo, de la forma de dirigir y coordinar, la consistencia de sus actos con los valores, la sinceridad y la transparencia, el coraje y la claridad de ideas. Y por supuesto, la obligación de cuidar a los trabajadores, de preocuparse por su desarrollo,

---

6 Morreale, S. P., & Shockley-Zalabak, P. S. (2014). Qualitative Study of Organizational Trust: Leaders' Perceptions in Organizations in Poland and Russia. Intercultural Communication Studies, 23(2).
7 Curry, L. A., Spatz, E., Cherlin, E., Thompson, J. W., Berg, D., Ting, H. H., ... & Bradley, E. H. (2011). What distinguishes top-performing hospitals in acute myocardial infarction mortality rates? A qualitative study. Annals of internal medicine, 154(6), 384-390.

su futuro, su puesto de trabajo y por su salud. Es mucho tal vez, pero no hay otra opción.

Y volviendo al principio: ¿por qué esa desconfianza tan elevada? Quizás sea debido a muchas causas, pero la inercia organizativa por la que se han asumido muchos problemas y errores del pasado y se han transformado en características sin buscar soluciones (como diría Javier Padilla), la presión de todos los grupos de interés y de poder que pululan alrededor de las organizaciones sanitarias buscando su trozo de pastel mientras siembran cizaña (como diría Astérix) y la desigual configuración de los puestos directivos y de jefatura (algunos muy buenos, otros muy malos) han contribuido enormemente a que hoy por hoy la confianza sea un bien escaso. Será cuestión de recuperar ese concepto de hospital magnético que tanto gusta y tan poco se practica en estas tierras...

Hard y soft: prejuicios en gestión sanitaria
(Publicado originalmente el 14/07/2016)

La cultura del sistema sanitario sigue valorando lo hard por encima de lo soft... El presupuesto frente a la calidad, los requisitos legales de la bolsa frente a las competencias del candidato, los resultados clínicos frente a la satisfacción del paciente, la consulta clásica frente a la salud comunitaria y al final siempre quedan en segundo plano aspectos como la seguridad del paciente, los resultados en salud o la humanización de la asistencia. Es decir, están presentes, pero aún no forman parte del esqueleto del sistema, y todo porque, aunque muchos profesionales los incluyan entre sus principales valores, la rutina de las organizaciones sanitarias a veces se olvida de esa parte soft que tanto hace por el paciente y por la salud de la comunidad.

¿Y a qué viene todo esto? Pues resulta que nos hemos tropezado con un breve artículo[8] publicado en Annals of Internal Medicine en 2015 titulado "*Why physicians hate patient satisfaction but shouldn't*". El ejemplo de las encuestas de satisfacción del paciente es muy habitual, y más aún cuando los resultados no son buenos: los comentarios habituales son que los pacientes no entienden, o que solo se fijan en aspectos poco técnicos que no sirven para nada o incluso que merece la pena gastar el dinero de la encuesta en mejorar la calidad. ¿Qué diría Peabody de todas estas opiniones?

Quizás de vez en cuando haya que recordar que la empatía del profesional es un elemento esencial para el paciente o que la relación entre satisfacción y calidad no implica un intercambio según el cual, a más satisfacción, menos calidad. Y quizás a los directivos haya que recordarles que el clima de trabajo, la formación y desarrollo de los profesionales, el trabajo en equipo, la gestión del co-

---

8 Nash, I. S. (2015). Why Physicians Hate "Patient Satisfaction" but Shouldn'tWhy Physicians Hate "Patient Satisfaction" but Shouldn't. Annals of internal medicine, 163(10), 792-793.

nocimiento, el análisis de datos o la planificación, aunque sean temas aburridos o poco "serios", son aspectos a los que merece la pena dedicarles tiempo y esfuerzo, ya que el resultado que se obtiene a largo plazo es mucho mayor que otras actividades. Tal vez el problema sea que los cursos y masters de gestión sanitaria estén poniendo énfasis en temas poco útiles, pero solo tal vez...

Profesionalización del directivo sanitario: esperando un milagro

(Publicado originalmente el 24/05/2016)

Algunas reflexiones sobre la tan cacareada profesionalización de los directivos:

1. La objetividad en la selección del directivo es más cuestión de actitud que de procedimiento. Los procedimientos suelen tener siempre un poso de arbitrariedad (incluso los más transparentes), por ello los valores de ser justos y elegir al mejor son la única garantía real. Suena duro, pero es así...

2. Si queremos ver fantasmas, es fácil encontrarlos. Gracias a teorías como la de los 6 grados de separación, todo futuro directivo podría estar relacionado directamente con cualquier partido político. Es necesario saber separar estas relaciones de otras relaciones más sospechosas.

3. Por supuesto hay que hablar de la acreditación de los "directivos pata negra". Algunas sociedades y colectivos parece que se estén poniendo en la línea de salida para erigirse como acreditadores únicos de los nuevos directivos y de su valía. ¿Quién acredita al acreditador?

4. Todos quieren un máster. Si hasta hace 3 años era difícil encontrar más de tres o cuatro programas master sobre gestión sanitaria, ahora la oferta es infinita. Masters de todo tipo, online, presencial, más prácticos, más teóricos, con programas buenos y malos. Nadie evalúa estos programas y después se nota, y mucho. ¿Vale cualquier programa de formación? ¿Por qué no establecer unos mínimos?

5. ¿Dónde está el recambio? Hace años en Diario Médico se publicó un artículo sobre la regeneración de la función directiva: nuevas caras, nuevos valores, etc. Y, sin embargo, apenas se aprecia en el día a día.

6. Las últimas elecciones no han favorecido precisamente la profesionalización de la gestión. Donde ha habido cambio político, en algunos casos se ha dado un paso atrás colocando a amiguetes, devolviendo favores, nombrando a políticos locales, etc. Y donde todo ha seguido igual, el recambio ha sido mínimo: mismas caras, mismos gestos, mismas inercias. Una oportunidad perdida.

7. Hay un asunto por resolver: la carrera del directivo. ¿Qué hacemos con los directivos que tras 25 años dirigiendo hospitales públicos vuelven a la casilla de salida sin trabajo? Si son funcionarios con plaza pueden volver a su puesto de origen, pero hay otros muchos sin plaza en el sistema que se quedarían en el aire (o en su casa). ¿Aprovechamos su experiencia o pasan al limbo? ¿La experiencia implica siempre sabiduría? Sea como sea, es un problema a tener en cuenta. Pero no debe ser un obstáculo para cambiar directivos cuando sea necesario.

8. Tanta formación y acreditación debe ir acompañada por un desarrollo riguroso del puesto: autonomía de gestión, poder elaborar planes a más de 4 años, estar libre de injerencias políticas en el día a día, etc. Una cosa sin la otra no tiene sentido.

Los 7 pecados capitales de la gestión sanitaria
(Publicado originalmente el 20/02/2015)

La gestión sanitaria tiene sus propias reglas, sus propios entornos endogámicos y sus relaciones de poder. Casi igual que cualquier grupo profesional en este país, pero al ser un grupo pequeño, todo es más evidente. Filias, fobias, amistades, grupos de presión, zonas de confort, peloteos... todo está presente, y como dijimos en una entrada de hace meses, "*el que se mueve no sale en la foto*".

Estos días hemos podido reflexionar sobre este submundo de la gestión y hemos podido aislar siete pecados capitales, siete formas de actuar que siguen estando mal vistas, que sirven para poner a alguien en cuarentena. Y al final, a los pecadores se les acaba tildando de raros y de sospechosos.

Habrá muchos más pecados, pero estos son los primeros que nos vienen a la cabeza.

1. Tuitear. Es uno de los pecados más graves, y no por el mero hecho de tuitear, sino por todo lo que implica: crear redes, compartir ideas, encontrar puntos de apoyo para mejorar, servir de plataforma para hackear el sistema, etc. Twitter ayuda a romper la endogamia, es un altavoz muy potente, y sirve para encontrar canales de comunicación alternativos. Y eso en los círculos cerrados no gusta nada, y acabarán acusándote de tener "perfil 2.0".

2. Tener opinión crítica. La gestión sanitaria habita en organizaciones muy jerárquicas y eso suele implicar que se cumplan las órdenes e instrucciones que vienen de arriba. Sin embargo, el buen directivo sanitario debe ser capaz de: por una parte, tener una opinión crítica sobre esas órdenes; por otra parte, permitir que cualquier persona pueda aportar, criticar, cambiar o tener opiniones diferentes sobre esas órdenes. La participación debe ir de la mano

de la jerarquía, y si no ocurre así, pasaremos de un liderazgo basado en las personas a otro basado en el pastoreo.

3. Puerta abierta y mente abierta. En una organización, todos tienen algo que aportar. No vayas con opiniones preconcebidas y acude a las reuniones en modo esponja, sin pensar que tus ideas son las únicas válidas. La humildad es esencial para tomar las mejores decisiones. Y por supuesto, la puerta siempre abierta: accesibilidad, cercanía y escucha activa con todos, desde el paciente al médico, desde el celador a la enfermera. Todos cuentan, todos valen.

4. No salir en la foto. Gran pecado... Tienes que estar en las fotos, en los grupos de siempre, hacer lo que hacen todos, nada de crear corrientes alternativas, nada de salirte de la línea trazada. Volverán las etiquetas de "raro" y "sospechoso".

5. Las personas son tan importantes como los resultados. El mundo sanitario descubrió hace poco los indicadores y los ratios, así como la dirección por objetivos. Pero en una época como la actual, debemos ser capaces de entender que, para conseguir unos buenos resultados numéricos, es necesario conseguir previamente buenos resultados en motivación, emociones, etc. Quizás haya que dejar en la estantería los libros de cuadro de mando integral y recuperar el libro[9] "*Liderar con corazón*" para saber que las personas son lo más importante, o alguno de Eric Topol para entender el papel de la tecnología. O incluso recuperar alguno sobre la importancia de los determinantes de salud, que hay mucho mundo más allá del TAC y la cirugía avanzada.

---

[9] Disponible en la web de la Escuela Andaluza de Salud Pública: https://www.easp.es/project/liderar-con-corazon/

6. No ser un pelota. El peloteo implica un sesgo brutal: olvidar la evidencia y buscar el beneficio rápido. Muchas decisiones se acatan precisamente en base a peloteo, y no se critican, ni revisan. Un pecado muy similar al número 4. Poco que añadir.

7. No llevar corbata. De nuevo no hay que entenderlo como algo textual (que cada uno vista como quiera), ya que nos referimos a la necesidad de evitar las jerarquías y las distancias innecesarias, a la importancia de no encerrarse en el despacho. La gran riqueza de las redes sociales (online y offline) es la posibilidad de aprender de cualquier persona, y cualquier artificio que marque la distancia, nos va a privar de ese conocimiento.

Hay muchos pecados en el mundo de la gestión sanitaria, y sólo hemos hablado de siete. Si caes en la tentación de actuar así, bienvenido al club. Nosotros somos pecadores... ¡de la pradera!

Cuentos chinos para gestores sanitarios
(Publicado originalmente el 10/01/2017)

La noticia tiene tela: resulta que en enero de 2004 un equipo de científicos chinos publicó en una revista que el virus H5N1 de la gripe aviar infectaba a cerdos. Sin embargo, dado que el artículo estaba en chino, apenas se enteró nadie hasta que en agosto de 2004 se publicó esta breve noticia[10] en la revista Nature. Y de esta forma, un descubrimiento muy útil para los científicos que estudiaban esta cepa, estuvo más de 7 meses en una especie de limbo idiomático.

En el terreno de la gestión sanitaria ocurre algo parecido. A veces se publican análisis, buenas prácticas o incluso se dan premios a proyectos innovadores y se difunden en medios especializados, twitter y blogs. Y, sin embargo, resulta que la misma idea, el mismo proyecto o una experiencia similar se pusieron en marcha 3 años antes pero apenas se difundió. En este caso el problema no es el idioma, sino el momento y la difusión.

Es decir, en 2016 se difunde en los medios una nota de prensa sobre el primer hospital que pone en marcha la unidad de atención Z. Se retuitea, los medios ponen el acento en el hecho de ser la primera vez que se pone en marcha dicha unidad. Y nadie recuerda que en 2014 comenzó su actividad la misma unidad en otro centro. Hubo una nota de prensa, pero apenas tuvo difusión. Y pocas veces miramos bien en la hemeroteca o preguntamos antes de lanzar la noticia.

Por un lado, el medallismo, la necesidad imperiosa de ser los primeros, nos lleva en ocasiones a evitar mirar hacia atrás y buscar experiencias similares. Que la realidad no nos arruine un buen titular. En otras ocasiones se trata sencillamente de no buscar información o no saber buscarla. Además, el hecho de que haya pocas

---

10 Cyranoski D (2004) Bird flu data languishes in Chinese journals. Nature 430: 955

bases de datos de buenas prácticas, de innovación, etc. dificulta encontrar la información adecuada.

Lo de no saber leer chino parece un motivo suficiente para desconocer la evidencia, pero cuando esta se publica en castellano o en inglés... O quizás es que en el mundo de la gestión sanitaria no gusta mucho eso de buscar evidencia o experiencias, por eso siempre hay tantos proyectos piloto, porque no nos hemos molestado en mirar el estado del arte. Menos mal que cada vez hay más excepciones.

Todos somos contingentes, pero tú eres necesario
(Publicado originalmente el 10/02/2017)

Desde siempre nos ha gustado dar con la solución a los problemas. Sin embargo, es paradójico que, en un entorno de alta complejidad, sigamos buscando soluciones únicas, tipo bala de plata, es decir, esas medidas que son casi mágicas y que permiten de golpe allanar todos los caminos. Las notas de prensa adoran este tipo de soluciones, y también las leyendas heroicas sobre líderes, pero la realidad no es tan sencilla como parece, y habitualmente las balas de plata no existen.

Hace unas semanas surgió el debate sobre los impuestos a las bebidas azucaradas para reducir su consumo. La evidencia de otros países apuntaba a que este tipo de impuestos son una herramienta más en el marco de una política de cambio de hábitos, junto a medidas en colegios, subsidios para compra de fruta y verdura, campañas informativas (poco efectivas pero necesarias), estrategias publicitarias y de nudging[11]. Ninguna medida por sí sola permite cambiar el comportamiento, pero todas juntas muestran mucha más efectividad.

Nos pasa algo parecido con los proyectos basados en esalud, del tipo telemedicina, apps, etc. Creemos que se trata de medidas que van a mejorar de golpe la atención sanitaria prestada, alcanzando mejores resultados, y olvidamos que estos proyectos son una parte de la estrategia global de cuidados. La telemedicina sin el seguimiento presencial, sin el apoyo telefónico, sin la atención domiciliaria, sería inútil. En ocasiones, el deslumbramiento tecnológico de lo nuevo puede invitar a olvidar esas prácticas antiguas, ancladas en otras épocas, sin darnos cuenta que todo es complementario.

---

11 Thaler y Sunstein lo definen como cualquier aspecto de la arquitectura de las decisiones que modifica la conducta de las personas de una manera predecible sin prohibir ninguna opción ni cambiar de forma significativa sus incentivos económicos.

Foray, un conocido economista, estableció cuatro condiciones esenciales para que una intranet colaborativa tuviera éxito dentro de una organización. Las tres primeras eran básicas y de hecho en muchos proyectos similares son las balas de plata: tamaño del grupo (conseguir muchos usuarios), sencillez, y utilidad de la herramienta tecnológica utilizada. Sin embargo, hay una cuarta condición, más centrada en el largo plazo y muy poco tecnológica, que es la clave del éxito: la cultura de la propia organización. Si no existe una cultura basada en la colaboración, en compartir conocimiento y en la ayuda mutua, poco conseguiremos, incluso si contamos con la intranet más avanzada (y cara).

El último ejemplo de búsqueda de balas de plata lo tenemos muy reciente: la gripe. Volvemos a lo que decíamos al principio: no hay medidas mágicas, pero sí hay estrategias efectivas a largo plazo compuestas de muchas medidas. Atención primaria, análisis de datos para anticipar la evolución, campañas informativas, educación en la consulta y en los colegios (sobre la gripe, los resfriados, la prevención y el uso de los servicios sanitarios), algún cambio normativo para la justificación de enfermedades (por ejemplo, los llamados malosos) y, sin duda, prevenir el problema desde mucho antes, son muchas de las acciones que se pueden tomar. Pero hace falta algo más: actuar a tiempo y no confiar en que a última hora aparecerá alguien con una varita mágica.

Las soluciones a problemas complejos suelen ser complejas, compuestas por muchas medidas, algunas clásicas, otras innovadoras. Todas aportan su granito de arena, y no debemos caer en la tentación de dejar de lado las de siempre frente a las nuevas modas. Las estrategias multimodales son así, todas las partes son necesarias, y ninguna es suficiente.

[Este texto fue publicado originalmente en Diario Médico]

Contratación pública: si no sirve, no se compra
(Publicado originalmente el 20/06/2017)

¿Pueden las políticas de compras en las organizaciones sanitarias mejorar la calidad asistencial y la seguridad del paciente? Por supuesto que sí, y aquí os traemos dos buenas ideas que hemos encontrado por la red al respecto.

La revista Harvard Business Review publicó hace unos días un artículo[12] firmado por tres profesionales de John Hopkins (entre ellos Peter Pronovost) titulado "*What Hospitals Can Learn from Airlines About Buying Equipment*". Los autores hablan de tecnología avanzada en cuidados críticos que pueden mejorar la supervivencia pero que curiosamente no está implantada en todos los hospitales. ¿Cuál es el motivo? Que los sistemas no se comunican entre ellos, es decir, falla la famosa interoperabilidad.

Equipos con dispositivos que necesitan datos de la historia clínica pero que no pueden obtenerlos por no estar preparados para ello, camas con sensores para casi todo, pero cuyos datos no se pueden grabar en la historia de cada paciente, y así podríamos encontrar mil ejemplos. Incluso podríamos hablar de equipos muy comunes cuya información no sale del equipo salvo que alguien la grabe de forma manual en los sistemas de información del hospital. Y así, el profesional debe ir mirando los displays de múltiples equipos para saber el estado del paciente, porque los datos no se vuelcan en tiempo real en un único sistema.

El gran error es que la tecnología nos apabulla y muchas veces no nos damos cuenta de que la clave es que esos equipos se integren al 100% en los sistemas del hospital. La solución es fácil: los pliegos técnicos para la compra. Si los equipos que se presentan no garantizan la interoperabilidad total con los sistemas del hospital

---

12 El artículo se puede leer en este enlace: https://hbr.org/2017/06/hospitals-are-dramatically-overpaying-for-their-technology

(tanto los de la historia clínica electrónica como con los equipos de UCI o anestesia, por ejemplo), automáticamente serán excluidos del proceso de compra. Decisiones drásticas pero que ayudan a garantizar que los equipos que se adquieran se podrán utilizar al 100%.

Algunas compañías ya se han puesto las pilas y están utilizando estándares o incluso trabajan en un entorno de reutilización de datos permitiendo que sus equipos se hablen en casi todos los "idiomas" con el resto de sistemas. Los hospitales también tienen una función muy clara: conseguir que no existan islas aisladas de información clínica, y que todos los sistemas de información sean totalmente compatibles e interoperables. Además, de esta forma se evitaría la "compra por inercia de marca" que obliga a seguir equipando con una misma marca porque los dispositivos iniciales marcaron el camino a seguir. La tendencia debería ser de entornos modulares, perfectamente interconectados y que no obligue a tener un quirófano marca A o marca B en exclusiva.

En este otro artículo[13], los mismos autores explican una iniciativa que se está llevando a cabo en el John Hopkins Medicine Hospital para mejorar la seguridad en base a la integración de dispositivos tecnológicos. Así se evita que cada alerta o cada pitido vayan por su cuenta...

El segundo ejemplo lo encontramos en Asturias y lo cuenta Redacción Médica[14]. Habitualmente la compra pública de agujas de insulina suele ser un infierno para la administración y para los pacientes: agujas que cumplen los criterios pero que en ocasiones causan problemas a los pacientes. El blog Diabetes Tipo 1 lo cuenta muy bien en este artículo[15]. La solución que ha encontrado

---

13 El artículo se puede leer en este enlace: https://hbr.org/2017/02/how-systems-engineering-can-help-fix-health-care
14 La noticia completa se puede consultar en este enlace: https://www.redaccionmedica.com/autonomias/asturias/los-diabeticos-tendran-voz-y-voto-sobre-las-nuevas-agujas-insulina-1120
15 El texto completo se puede consultar en este enlace: http://www.diabetes-tipo1.es/blog.php?ver=201

el Servicio de Salud de Asturias es incluir la valoración de un grupo de pacientes entre los criterios técnicos de las ofertas. Para ello, la Oficina de Evaluación de Tecnologías Sanitarias elaborará un estudio cualitativo para conocer la satisfacción de los pacientes respecto de su funcionalidad. Un gran paso para incorporar a los pacientes en la toma de decisiones que les afectan.

Dos propuestas que dejan muy claro que los actuales procedimientos de contratación pública pueden servir para comprar los productos que mejor se adaptan a las necesidades de cada organización, con tres premisas esenciales: adaptación técnica a los sistemas existentes, incorporación de la opinión de los pacientes e incorporación de la opinión de los profesionales. Es bastante sencillo, así que no se admiten excusas.

El gerente y los determinantes sociales de la salud
(Publicado originalmente el 19/12/2017)

Hace unos años, en una jornada de gestión sanitaria, una persona del público preguntó a los gerentes que estaban en la mesa por la importancia de la salud comunitaria y de los determinantes de salud en la gestión sanitaria. La respuesta fue una mezcla de bufido de aburrimiento y de voz de superioridad intelectual por poner sobre la mesa algo que, para muchos, es cosa de cuatro iluminados. El resumen de la respuesta y el debate fue que eso eran tareas a largo plazo y que al gerente no le deberían importar mucho, siendo más importante la lista de espera, el presupuesto y las infraestructuras.

Lógicamente, todo es importante en el ámbito de la gestión y la planificación sanitaria, incluso la parte más burocrática. Pero si hablamos de salud y de resultados para la población, la salud comunitaria y el modelo de determinantes deberían jugar un papel muy importante. Y si recordamos la teoría, los determinantes sociales estarían los primeros en la lista, tanto los relacionados con las condiciones estructurales (vivienda, pobreza, desigualdad, etc) como los puramente sociales (relaciones, comunidad, apoyo social, etc).

Este mes de diciembre se publicaba en la revista Social Science and Medicine un artículo[16] titulado "*Social cure, what social cure? The propensity to underestimate the importance of social factors for health*". Su conclusión es muy clara: la población subestima la importancia de los determinantes sociales en su salud. Hay diversos motivos, pero curiosamente el artículo hace hincapié en un problema de tipo organizativo y profesional y es que las autoridades sanitarias, los profesionales y las campañas de información sanitaria suelen olvidar el valor de estos riesgos para la salud. Como dice Holt-Lunstad:

---

16 Haslam, S. A., McMahon, C., Cruwys, T., Haslam, C., Jetten, J., & Steffens, N. K. (2017). Social cure, what social cure? The propensity to underestimate the importance of social factors for health. Social Science & Medicine.

"*Physicians, health professionals, educators, and the public media take risk factors such as smoking, diet, and exercise seriously; the data presented here make a compelling case for social relationship factors to be added to that list*".

Los riesgos más conocidos siempre están presentes (tabaco, dieta, sedentarismo, etc.) y, pese a que el cambio de comportamiento es difícil, el ciudadano suele tenerlos en cuenta. De hecho, las campañas masivas de comunicación van en esa línea, así como las estrategias y los incentivos para la actuación profesional (principalmente en atención primaria). Pero la vertiente puramente social siempre se escapa, incluso en la mayor parte de las estrategias de crónicos, principalmente porque nadie habla de estos riesgos (hay excepciones claro) ... Por un lado, la política sanitaria aún no la tiene en cuenta. Por otro, los profesionales (incluyendo a directivos, gestores y políticos) aún no creen mucho en la parte social de la salud, y siguen más centrados en el deslumbramiento cortoplacista de la tecnología o el medicamento innovador (muy necesarios, por supuesto) que en poner la semilla para que estos determinantes sociales sean parte del modelo sanitario dentro de 10 años.

Y, por cierto, no pedimos que los directivos y gestores se centren principalmente en la parte social de la salud, pero si nos centramos solo en la parte asistencial, quizás estemos cometiendo un grave error. El mero hecho de entender y apoyar iniciativas como las presentadas en el reciente Congreso de activos para la salud de Granada, o de promover proyectos de coordinación entre servicios sociales y sanitarios sería un gran paso adelante, y de paso evitamos las reacciones que hemos comentado en el primer párrafo. Para acabar, sobre prescripción social, podéis leer este post[17]

---

17 Se puede consultar el texto completo en este enlace: https://saludcomunitaria.wordpress.com/2017/02/06/que-es-eso-la-prescripcion-socialfunciona/

de Rafa Cofiño, este artículo[18] o el informe *More than medicine*[19] de NESTA.

---

18 Brandling, J., & House, W. (2009). Social prescribing in general practice: adding meaning to medicine. Br J Gen Pract, 59(563), 454-456.
19 El informe está disponible en este enlace: https://www.nesta.org.uk/publications/more-medicine-new-services-people-powered-health

2. El liderazgo

Nueve mitos y una nota al pie sobre liderazgo.
(Publicado originalmente el 27/11/2017)

El liderazgo nos rodea... Todos los jefes y directivos se esfuerzan por ser líderes, asisten a cursos sobre este tema y compran libros para aprender a diseñar el futuro. Es cierto que hemos tenido una crisis importante en el sistema sanitario por una doble escasez: poco dinero y poco liderazgo. Sin embargo, el liderazgo no es magia, y el hecho de poner todos los huevos en esa cesta hace que todo sea más endeble e inseguro.

Por eso, nos lanzamos a desmontar algunos mitos sobre el liderazgo (o sobre lo que nos venden como liderazgo):

1. Como dijo Woody Allen: "*No conozco la clave del éxito, pero sé que la clave del fracaso es tratar de complacer a todo el mundo*". Todo líder tiene sus enemigos, incluso los mejores líderes. Hay que asumirlo como algo normal.

2. El liderazgo autoritario centrado en conseguir resultados (estilo capataz) a veces funciona. Tiene mala prensa, destroza a los equipos y desmotiva en pocos días, pero funciona. Por ejemplo, en entornos de crisis, emergencias o cuando los resultados deben obtenerse a corto plazo.

3. Muchas veces el problema de una organización sanitaria no es la falta de liderazgo, sino una gestión deficiente y la falta de estrategia. Liderar es esencial, pero hay que saber gestionar recursos, procesos y personas.

4. Liderar sin tomar decisiones es tener al mejor equipo del mundo esperando a que pase el tren.

5. El gran problema de las organizaciones sanitarias no es la falta de habilidades de liderazgo, es que a muchos jefes (que deberían ser líderes) les da igual no serlo.

6. ¿Cuál es el número óptimo de líderes en un hospital? ¿Uno? ¿Uno por cada unidad de trabajo? ¿A partir de cuántos líderes se genera el caos? Siempre se ha dicho que los líderes deben ayudar a crecer a su equipo, pero en ocasiones no hay sitio para tanto ego.

7. El líder se hace, pero no solo con formación ni con masters. El autoaprendizaje, el contacto con otros profesionales, huir de los cursos de siempre y conocer otras materias, es una gran forma de desarrollar las habilidades de liderazgo.

8. Hablamos de liderazgo, pero siempre nos referimos al jefe, no al líder. Ignorar el liderazgo informal supone una pérdida importante de capital social del equipo.

9. La motivación se debió perder algún día y nadie la echó de menos mientras había dinero sobre la mesa. Se acabó el dinero y todos volvimos a pensar en la motivación.

Podríamos acabar la columna con una glosa sobre la importancia del liderazgo, de las habilidades de los jefes, y de la importancia de la empatía, la actitud y la integridad. Pero como la teoría la conoce todo el mundo, mejor vamos a centrarnos en un mito que hemos comentado: el de la gestión deficiente.

Existe una línea de trabajo en el ámbito de la gestión llamada gestión basada en la evidencia que pretende integrar la evidencia científica con la experiencia individual en el contexto de las características de cada organización. Algo como la medicina basada en la evidencia, pero aplicado a la gestión sanitaria. Suena bien, ¿verdad? Todos tenemos claro que la evidencia, unida a la experiencia, es una herramienta infalible, pero la realidad es otra ya que no suele utilizarse la evidencia como herramienta esencial en la toma de decisiones.

Seguramente, basar todas las decisiones exclusivamente en la evidencia en un entorno tan complejo como el sanitario podría implicar un fracaso tras otro, pero el exceso de experiencia personal y de intuición sin evidencia pueden llevarnos al mismo destino. Evidencia y experiencia, sí por favor, que además ese es el truco de la gestión (y de la medicina) basada en la evidencia. Y si le añadimos participación y transparencia, mucho mejor. En ocasiones, el exceso de intuición parece invitar a pensar en una gestión basada en la videncia (o en la eminencia). Y así no llegaremos a ningún sitio.

Personas y resultados: ¿separados al nacer?
(Publicado originalmente el 06/10/2017)

Hace años nos vendieron la moto del ejecutivo agresivo: ese que hacía cualquier cosa por conseguir resultados. De hecho, este tipo de líderes se asociaron a objetivos puramente numéricos: beneficios, ventas, cotización en bolsa, etc. Y para que nadie lo olvidara, las películas se llenaron de personajes que perseguían el éxito bajo a cualquier precio.

¿Podríamos encontrar un paralelismo en el mundo sanitario? Un buen ejemplo son los líderes vinculados a objetivos del mismo tipo: reducir lista de espera, hacer más actividad, cumplir con el presupuesto, etc. O también los medallistas, que hacen cualquier cosa por una portada en prensa o una entrevista o un premio. Las notas de prensa vinculadas al incremento de actividad (que siguen siendo demasiado habituales) son el reflejo de este tipo de liderazgo. Hacer más es siempre mejor (incluso aunque hablemos de urgencias).

El problema lo tenemos con los nuevos modelos de liderazgo. ¿Cómo se puede medir el buen liderazgo? ¿Hay algún tipo de indicador que mida el clima laboral, la confianza de los profesionales o el nivel de trabajo en equipo? Salvo las encuestas de clima laboral y algunos indicadores muy burdos, no hay sistemas fiables de medición de este tipo de líderes. Y si los hay, nadie los publica. Y si no se publican y difunden, es como si no existieran. Pero también deberíamos plantearnos si estos nuevos modelos de gestión y liderazgo, centrados en las personas, se valoran positivamente en el entorno sanitario.

No podemos olvidar que existe evidencia sobre la relación entre este liderazgo centrado en las personas y los resultados asistenciales, pero la mayoría de los directivos no lo tienen en cuenta. Y, sin embargo, seguimos centrados en objetivos numéricos de actividad que miden la actividad estilo capataz. Establecer indicadores centrados en las personas ayudaría a fomentar este tipo de estilos directivos, y también permitiría diferenciar una organización sanitaria de otra. Pero si medimos a un directivo exclusivamente por la actividad, por la calidad y la lista de espera, tal vez no estemos dando las señales adecuadas.

Es muy difícil exigir a los directivos que se centren en las personas y en el equipo y después no poder medir su potencial y sus resultados, y de hecho en ocasiones utilizamos experiencias o proyectos con buena voluntad, pero poca evaluación sobre su efectividad. ¿Hay algún modelo único de encuesta de clima laboral para el entorno sanitario? ¿Hay indicadores relacionados con las personas y el factor humano en los contratos de gestión? ¿Sabes cuál es la organización sanitaria que más cuida a sus profesionales? En otros sectores ya se hace, y funciona, quizás la cuestión sea copiar y aprender, como siempre.

Y si tienes dudas, nada como abrazar el candor radical[20]: ser buen jefe sin dejar de lado la humanidad. Que sí, que es posible.

---

20 Este concepto, extraído del libro del mismo título, se desarrolla en este enlace: http://claveslide razgoresponsable.blogspot.com.es/2017/09/candor-radical-como-ser-un-buen-jefe.html

No existe el líder perfecto
(Publicado originalmente el 16/08/2017)

En cuanto se habla de liderazgo, rápidamente surgen dos conceptos totalmente antagónicos: el liderazgo bueno y el malo, el transformacional y el jerárquico, el proactivo y el agresivo. Lo malo de las dicotomías es que en la vida real no existen las figuras puras, ni a un lado ni al otro.

Lamentablemente, que existan dos tipos de liderazgo nos puede hacer pensar que si no nos situamos en el extremo bueno somos un desastre. Y también nos ayuda a diseñar nuestro propio modelo de liderazgo que curiosamente siempre se parece al top de los tops (haz la prueba: pide a alguien que defina su estilo de liderazgo, y siempre sacará las cualidades habituales del líder perfecto, del superhéroe).

Una de las cosas que nunca se suele comentar es que, en ocasiones, el liderazgo transformacional no es la mejor opción. Como cuentan en un artículo[21] publicado en la revista Harvard Business Review, en época de crisis o de incertidumbre económica o política, se acepta mejor a un líder dominante que a cualquier otro. Un líder con las ideas claras, que instaura una jerarquía para seguir sus órdenes, que no duda a la hora de tomar decisiones, que controla todo lo que sucede a su alrededor, pero también una persona agresiva, narcisista y poco amante de la cooperación.

La cuestión es que ese liderazgo tiene las patas muy cortas. Puede ser útil unos meses o durante una época muy concreta (mientras dure esa situación de incertidumbre), pero a largo plazo siempre desarrolla un entorno destructivo.

---

21 El texto completo se puede leer en este enlace: https://hbr.org/2017/08/why-we-prefer-dominant-leaders-in-uncertain-times

En este estudio[22], publicado en PNAS, compararon el estilo de liderazgo de Donald Trump y Hillary Clinton. En una escala de control-prestigio, Trump aparecía con una puntuación muy alta en control y Clinton puntuó mucho más en prestigio. En los territorios con mayor incertidumbre económica los encuestados apoyaron en mayor proporción a Trump. Hicieron otro análisis y se asociaron territorios con alto nivel de desempleo con la preferencia por un líder dominante. Además, replicaron este tipo de relación con estudios muy diversos, pero con resultados coincidentes.

En resumen, que cuando todo está revuelto, casi nadie quiere un líder participativo y la mayoría prefiere un líder mandón y con las ideas muy claras. ¿Ocurrirá lo mismo en las organizaciones sanitarias? ¿De qué tipo es el líder de tu organización?

---

22 Kakkar, H., & Sivanathan, N. (2017). When the appeal of a dominant leader is greater than a prestige leader. Proceedings of the National Academy of Sciences, 201617711.

Tóxico
(Publicado originalmente el 13/07/2017)

Hace ya unos cuantos años que se puso de moda hablar de tóxicos: empleados tóxicos, jefes tóxicos, etc. Y, de hecho, es habitual encontrar artículos que explican algunas técnicas para manejar a este tipo de personas, más centradas en sabotear su entorno y en joder la vida a los que le rodean que en trabajar o generar un buen clima laboral.

Respecto a los empleados tóxicos, muchos jefes sacan rápidamente el hacha de guerra, pero hay una premisa básica a tener en cuenta antes de hacer nada. Habitualmente nadie se comporta así sin un motivo, y la tarea del jefe es encontrar ese motivo e intentar solucionarlo (más allá de buscar la confrontación). Lo fácil sería hacer caso a las advertencias de todo el mundo y no esforzarse por entender a esta persona, pero hay que hacer un esfuerzo y dar un paso adelante. Entender el pasado y las razones de ese comportamiento, hablar con la persona en cuestión dejando de lado todo lo que nos han contado y entender que ha podido pasar. A veces son motivos externos a la organización (problemas familiares, de dinero, etc.) pero también pueden ser de tipo interno (mala relación con los compañeros, expectativas no cumplidas de promoción, trabajo monótono). La clave es buscar el origen de todo, e intentar solventarlo o al menos entenderlo para reducir ese comportamiento tóxico.

Lo de los jefes tóxicos ya es más difícil. ¿Qué haces con un jefe que pasa de todo o con alguien que se comporta como un tirano? ¿Y los jefes que no comunican o que pasan de fomentar la participación entre sus empleados? Las soluciones no son fáciles y a medio plazo estas situaciones generan empleados quemados y desmotivación generalizada. Bennett Tepper, profesor de la Georgia State University, publicó en 2007 un interesante artículo[23] sobre el

---

23 Tepper, B. J. (2007). Abusive supervision in work organizations: Review, synthesis, and research

concepto de "*abusive supervision*" en el que enumera y define diversos comportamientos dañinos de los jefes: abuso jerárquico, tiranía (uso caprichoso de la posición dominante), agresiones psicológicas y muchas más. Son jefes que destruyen, que se venden bien, que han conseguido engañar a sus jefes y que muchas veces tienen un punto narcisista. A los narcisistas, podríamos añadir otros tipos de jefes como los psicópatas o los que van a lo suyo o incluso los histriónicos.

La revista Harvard Business Review planteaba[24] cuatro ideas básicas para neutralizar a los jefes tóxicos:
- No te lo tomes como algo personal. Su veneno habla de ellos y de su forma de ser, no de ti.
- Por mucho que te provoquen, no hagas nunca nada que comprometa tus valores.
- Nada de devolverla o de vengarte, aunque en ocasiones sea lo que más apetece hacer. Es ponerse a su nivel.
- No te sientas víctima.

Para acabar, es conveniente hablar de grupos de presión tóxicos. No es lo habitual pero todavía quedan algunos así (muy pocos). Hablamos de sindicatos, colegios, sociedades científicas, etc. que han incorporado a su actividad las tácticas sucias de acoso y derribo. Amenazas de difundir noticias en la prensa, presión judicial, manejo abusivo de reuniones o sesiones con público, pseudochantajes, insultos, manipulación del entorno, comportamientos infantiles si no se hace lo que piden, demostraciones de fuerza en público, etc. En ocasiones puede ser por narcisismo de alguno de sus líderes, o incluso por anteponer los objetivos del grupo por encima de los objetivos de toda la organización, pero no se dan cuenta que más que construir, están destruyendo. Un campo de batalla

---

agenda. Journal of Management, 33(3), 261-289.
24 El texto completo puede consultarse en este enlace: https://hbr.org/2008/09/neutralize-your-toxic-boss

muy difícil, poco habitual pero muy complejo de manejar. Sun Tzu te necesito...

¿Tienes algún jefe así? ¿Y si el tóxico eres tú? ¿O incluso soy yo?

Liderazgo en tiempos de… falta de liderazgo
(Publicado originalmente el 31/03/2017)

¿Qué líderes queremos en el sistema sanitario? Uno de los momentos más especiales del Congreso Nacional de Hospitales y Gestión Sanitaria del año 2017 fue el foro sobre directivos con H-Alma que coordinó Joan Carles March. Se habló de liderazgo, de honestidad y confianza, de sensibilidad y de cercanía. Las conversaciones que pudimos escuchar allí nos han hecho reflexionar y han motivado estas notas de urgencia. Lo más paradójico de todo es que hay una serie de valores, imprescindibles para un buen líder, y que curiosamente escasean en algunos entornos. ¿No hay un código emocional para directivos y jefes?

CAMBIO
Una de las claves es buscar a líderes que sean capaces de promover y liderar el cambio. Un líder que motive a los profesionales y les haga partícipes del nuevo rumbo o que sea capaz de encontrar un nuevo espacio para estos tiempos líquidos. Pero la realidad suele ser otra: nadie dice en voz alta que ese nuevo rumbo no lo suelen crear los profesionales, de hecho, muchas veces ni siquiera participan en su creación. Los nuevos líderes habitualmente tampoco. Suele venir desde arriba o lo crean los grupos de presión. Así que, la competencia debería ser: liderar el cambio de otros. Puede sonar bien o mal, pero la realidad suele ser así.

CUIDA A TU EQUIPO
Desarrollo profesional es no maltratar laboralmente a los trabajadores, promover condiciones óptimas de trabajo y no engañar a nadie (la confianza era esto). Parece de cajón, pero tampoco suele ser muy habitual. Cambiar el modelo formativo, generar modelos de carrera para cada profesional (no hablamos de retribuciones, sino de mejora y desarrollo), erradicar ciertos modelos y vicios burocráticos que acaban generando contratos basura, etc. La excusa

de "*la norma es la que hay*" ya no vale, los directivos también deberían ser capaces de convencer a sus jefes y a los políticos para que den pasos en la buena dirección. Si no lo hacemos, parece que nuestro equipo nos importa muy poco. Cuidar a tu equipo no es sonreír o tomar un café...

COMPROMISO

Pues sí, pero nos encontramos habitualmente con un compromiso a medias. Sin un plan claro, sin una estrategia y sin confianza nadie se va a comprometer. Es así de triste. Y más cuando los mensajes y las acciones en cada organización deben pasar el filtro sindical, profesional, colegial y político. La confianza no se trabaja con miedo, ni con represalias, ni con presiones, y mucho menos con chantajes. Hay que tener la competencia de contar y compartir los éxitos y los fracasos (siempre para mejorar, no para buscar culpables). La gestión basada en el miedo es el principio del fin del compromiso y al final solo queda desidia y buenas palabras. Y con eso, poco podemos hacer.

TRANSPARENCIA

La transparencia está de moda y se asocia precisamente a la confianza. A mayor claridad en nuestras decisiones y nuestros actos, la confianza será mayor. No podemos tener un as en la manga, o tomar decisiones porque sí, sin más. Si no podemos explicar el motivo y objetivo de lo que hacemos, nuestro equipo dejará de vernos como líderes y pasará a vernos como jefes. Por ello, deberían acabar las decisiones opacas, los enchufes, las presiones y chantajes (que seguro que los hay) y los favoritismos por el bienestar de unos pocos.

EL PACIENTE

Humanizar es estar muy cerca del paciente y tener en cuenta su opinión y su experiencia. Los procesos, el papeleo, la asistencia y los entornos de trabajo y asistencia deben estar diseñados por y para el paciente. La cocreación no es cosa de un día (cambios lentos) pero se puede ir trabajando en esa línea. Además, escuchar de verdad al paciente y al ciudadano es sencillo, no cuesta dinero, pero requiere una adaptación en nuestras formas de actuar y decidir para la que quizás no estamos preparados.

RESULTADOS
Salud, salud, salud y eficiencia. Coordinar adecuadamente los niveles de atención es un viejo lema que sigue pendiente (demasiadas resistencias que vencer). Si el hospital desconfía de atención primaria y viceversa, poco avanzaremos. No es una guerra, es un camino que se debe compartir. Mientras no lo tengamos claro, ni avance ni nada.

ÉTICA
Curiosamente consigue más el que abraza el mal para progresar que el que lucha con ética y aplicando un liderazgo humanista. Todavía se oye que los líderes buenos acaban siendo débiles, quizás por la sensibilidad, o por la exposición, o por la cercanía, o por la reducción de la distancia que genera la jerarquía. Y el líder/jefe que grita en el pasillo, que deja en evidencia a sus colaboradores, o que consigue mediante presiones, acaba llevándose los premios, los abrazos y las alabanzas. Quedan pocos así, pero bien colocados y tienen cimientos.

¿Realmente hay cabida en el sistema sanitario para los nuevos modelos de liderazgo? ¿Nos creemos todos los clichés que decimos en los congresos, mesas y seminarios? ¿Quién es realmente el centro del sistema? ¿Por qué todo es una competición para ver quien se lleva el premio (crónicos, guerras colegiales, fronteras entre especialidades)? Muchos pasos que dar que deben ir acompañados de un cambio social y cultural. Y así, solo así, llegaremos a la profesionalización de la gestión. Aunque escuchando a muchas personas en el Congreso y viendo el talento que hay en los centros, está muy claro que hay esperanza (y líderes de verdad).

Líder de postal
(Publicado originalmente el 17/02/2017)

Ayer tuvimos la oportunidad de compartir un trocito de tarde con los asistentes a las Jornadas de Urgencias y Emergencias de Talavera. El eje del debate fue el liderazgo y el trabajo en equipo en el ámbito sanitario, y hubo varios aspectos concretos que surgieron durante nuestra intervención y en el debate que nos han hecho reflexionar.

Por un lado, un aspecto que se mencionó dentro de las competencias esenciales de los buenos jefes (asociadas al papel de líder) fue la capacidad del jefe/líder para promover el desarrollo de su equipo: crecimiento, coaching, participación en la toma de decisiones, etc. Se trata de un factor esencial para que el equipo crezca, para mejorar en autonomía, en conocimiento técnico y en su funcionamiento.

Otro aspecto en esas competencias hablaba de toma de decisiones y de coraje. Los líderes (y los jefes) deben ser capaces de tomar decisiones en los momentos difíciles y están deben ser coherentes con el rumbo marcado, y lo más importante: deben ser capaces de explicarlas, de compartir el motivo del sentido de la decisión. Las decisiones inconsistentes, en secreto o con intereses poco éticos no tienen cabida, y de hecho son verdaderas ADME (armas de destrucción masiva de equipos).

Una de las preguntas de los asistentes se centró en los problemas de los equipos cuando alguno de los trabajadores que lo integran no alcanza los niveles mínimos de calidad en el servicio que se presta, o no cumple los criterios en materia de seguridad o los protocolos, etc. Asimismo, se comentó que hay trabajadores que se "escaquean" de su trabajo habitual, evitando las situaciones de gran carga de trabajo. Se trata de situaciones complejas, y quizás lo primero que hay que hacer es intentar conocer y entender el motivo que hay detrás de estas situaciones. Problemas personales, falta de conocimientos o incluso actitudes no aceptadas en el equipo. Antes de buscar la parte negativa, es conveniente analizar los posibles motivos, ya que en ocasiones no se trata de un "escaqueitor" sino de un trabajador con problemas.

Y finalmente también hablamos de paradojas. Es muy difícil hablar de trabajo en equipo en el ámbito sanitario cuando la mayoría de los equipos se crean en base a loterías llamadas "concurso de traslados" o "movilidad interna", es decir, casi al azar. Buscar al mejor integrante, revisar las competencias de los miembros de un equipo o incluso crear un nuevo equipo para una unidad, deben ir asociados en el sector público a una serie de procedimientos que no garantizan en casi ningún caso que se pueda elegir al mejor equipo.

Hubo muchas conclusiones, pero una de ellas fue la existencia de líderes de postal, que cumplen muy bien con las competencias típicas "de foto" (reuniones, escucha activa) pero fallan en las realmente importantes: cuidar al equipo, tomar decisiones, promover su desarrollo y estar siempre en los momentos críticos. Como decía la canción: ¿Dónde estabas entonces, cuando tanto te necesité?

La ética y los jefes
(Publicado originalmente el 28/10/2016)

La ética... Siempre está ahí, es la base de nuestro día a día, pero a veces, por un motivo u otro, la bordeamos o la olvidamos o incluso la pisoteamos. En ocasiones somos nosotros mismos los que damos el paso, pero hay otros momentos en los que la propia organización y sus líderes los que ponen obstáculos al comportamiento ético. Un reciente artículo[25] en Harvard Business Review se plantea precisamente eso: ¿por qué las personas éticas a veces olvidan la ética en sus actos? ¿Qué deberían hacer las organizaciones mejor? Estas son sus cinco recomendaciones:

La primera es la falta de una cultura que permita que los trabajadores hablen, y además se les escuche. Es decir, si se observa una mala conducta es necesario que existan los cauces para que el trabajador pueda notificarlo y no se le perjudique por denunciarlo.

La segunda es una de las más habituales: la excesiva presión para cumplir con los objetivos. Además, podríamos unir un corolario: cumplir con objetivos que además son imposibles. Una mala mezcla, sin duda.

Seguimos con la tercera: objetivos contradictorios. Cuando la organización pide a una unidad el objetivo A y a otra unidad el B y ambos son contrarios (cumplir uno de ellos implica perjudicar el cumplimiento del otro), la sensación de injusticia y de desolación invade a los trabajadores. Y con motivo... Estas contradicciones acaban provocando episodios de injusticia organizacional, un concepto muy interesante.

Vamos a por la cuarta: la ética no forma parte de las conversacio-

---

[25] El artículo se puede consultar en este enlace: https://hbr.org/2016/12/why-ethical-people-make-unethical-choices

nes del día a día. Tal y como señalan en el propio artículo, los trabajadores reciben su "vacuna anual de ética" y poco más. El refuerzo por parte de los líderes y los mandos es esencial, pero no como una nueva prioridad en el desempeño diario, sino como una de las bases de nuestro trabajo.

La quinta es una constante siempre que hablamos de líderes: hay que ser un ejemplo. El comportamiento de los líderes y jefes y mandos es analizado con lupa y no se puede permitir que un líder tenga un comportamiento poco ético.

En resumen, que los problemas de ética que tanto se critican en las organizaciones sanitarias, muchas veces son fruto de un mal comportamiento de la propia organización o de sus líderes. Así que antes de buscar culpables o de hacer campañas dirigidas al trabajador, quizás haya que revisar el plan estratégico, o cómo se comportan los directivos, o hacer auditorías internas o incluso cambiar los objetivos institucionales. Hay medidas que vienen de arriba y hunden la calidad y desmotivan al profesional, y detrás de todo esto, de la ética, la seguridad y la cultura, de la estrategia y de las auditorias, está el paciente. No lo olvidemos...

Tecnología y organización: sospechosos habituales
(Publicado originalmente el 19/02/2016)

Aunque nos empeñemos en inventar nuevas reglas, decálogos innovadores y leyes casi divinas, muchas veces lo único que hacemos es transformar viejas reglas y corolarios en tuits. Revisando un enlace que teníamos guardado, hemos vuelto a leer un artículo[26] firmado por Enrico Coiera y publicado en BMJ en el año 2004. El autor ofrece algo tan sencillo como cuatro reglas para reinventar el sistema sanitario, desde una perspectiva tecnológica. Y pese al tiempo transcurrido, creemos que su vigencia es plena.

1. Los sistemas tecnológicos tienen consecuencias sociales.
No hace falta que hablemos de la fascinación tecnológica o del efecto de la historia electrónica en el contacto visual con el paciente. La tecnología no solo sirve para mejorar, sino que nos obliga a cambiar nuestra forma de ser, y no solo la del profesional, sino muchas veces también la del entorno.

El autor cuenta la historia de un grupo de investigadores que puso en marcha un sistema de recogida de datos para heridas en Kenya. Durante el proceso de implantación, cuando se producía alguna herida o daño, un investigador acudía en moto y tomaba los datos, además de posicionar el lugar exacto. Curiosamente, durante aquella época las agresiones a mujeres descendieron ya que la agresión implicaba que venía "alguien importante" en moto y tomaba notas de lo que había pasado.

2. Los sistemas sociales tienen consecuencias tecnológicas.
La cultura de cada organización y el papel de los líderes son dos de las claves para conseguir que el cambio tecnológico sea asumido sin apenas problemas. Las organizaciones innovadoras, acostumbradas al cambio y la evolución y con unos líderes que no

---

26 Coiera, E. (2004). Four rules for the reinvention of health care. BMJ: British Medical Journal, 328(7449), 1197.

tienen miedo a ser los primeros, lo tienen mucho más fácil. Y así, la vertiente social de la organización allana el camino a la tecnología.

3. No se diseña tecnología, sino sistemas mixtos (tecnológicos y sociales).
En el diseño de sistemas informáticos no se puede olvidar la implicación que va a tener el nuevo entorno de trabajo para profesionales, pacientes, familiares, etc. Buscar la funcionalidad más adecuada para el proceso y centrarse en la estructura de los datos (por ejemplo) sin tener en cuenta cómo se va a interactuar con la aplicación, como va afectar al entorno, etc. es un grave error. En las grandes aplicaciones informáticas hay un equipo funcional, ¿habrá que analizar también los efectos a terceros?

4. Para el diseño, hay que entender cómo se relacionan las personas y la tecnología.
Es imposible diseñar o cambiar sistemas tecnológicos obviando la organización y las personas. Ya lo hemos dicho en el punto 3: entendiendo como se relacionan las personas y las máquinas, podremos encontrar una solución tecnológica mucho mejor.

El que se mueve no sale en la foto: la desobediencia en las organizaciones sanitarias
(Publicado originalmente el 27/08/2014)

Alfonso Guerra, en su época de dirigente socialista, pronunció una frase que casi resume esta entrada: "*El que se mueve no sale en la foto*". En otras palabras, la desobediencia, no seguir las reglas o abrir nuevos caminos eran hechos que tenían un precio muy caro.

En la actualidad, muchos autores promueven la desobediencia controlada como factor de éxito en las organizaciones. Desde una premisa así, Risto Mejide lanzó su obra Annoyomics que invitaba a molestar a los demás buscando el lado crítico que todos tenemos. También Santi Garcia, en su blog[27], habla de desobediencia, entendida como "*la voluntad decidida de cuestionar y no acatar esas normas que existen en todas las organizaciones y que no tienen sentido o incluso son perjudiciales para el conjunto de la organización, en la medida que limitan su capacidad para responder con agilidad y eficacia a los desafíos con que se enfrenta*".

Pero, ¿sale rentable ser desobediente en una organización sanitaria tradicional? ¿Están los líderes, jefes, directivos y políticos preparados para un entorno de profesionales que cuestionan las normas? La desobediencia inteligente (o controlada) y el inconformismo deberían ser los motores de nuestros hospitales, buscando transformar los procesos, las estructuras, la distribución de poder, etc. Pero siempre con la perspectiva de mejora colectiva y no pensando exclusivamente en el beneficio personal (aunque es obvio merece la pena aclararlo).

Sin embargo, en un entorno tan jerárquico y con una rancia distribución de poder anclada en el pasado, es difícil que el desobediente tenga éxito. En el NHS buscaban ese espíritu crítico en la

---

[27] Este texto se puede consultar en el siguiente enlace: http://www.santigarcia.net/2014/07/el-valor-de-la-desobediencia-en-las.html

llamada escuela de radicales sanitarios, una iniciativa de la propia organización para que el profesional se dé cuenta que hablar, cuestionar, participar, preguntar y proponer son verbos de máxima actualidad. Sin embargo, en algunas organizaciones sanitarias el profesional dócil sigue teniendo siempre más puntos, y más aún cuando la endogamia sigue campando a sus anchas.

Y volvemos a lo de siempre: miedo, querer que todo siga igual, mantener privilegios, evitar problemas, etc. Un clásico de la gestión...

Carnet por puntos
(Publicado originalmente el 15/03/2013)

¿Un carnet por puntos para jefes? Aquí os dejamos algunas ideas sobre las acciones que podrían restar puntos:
- No tener en cuenta la evidencia en la toma de decisiones. 2 puntos
- Fomentar la creación de "chiringuitos" para perpetuar a los "pata negra" o asimilados. 3 puntos
- Pensar más en el bienestar individual que en el colectivo. 3 puntos
- No difundir buenas prácticas de otras unidades. 3 puntos
- No tener en cuenta la opinión de todos los profesionales. 3 puntos
- No promover el trabajo en equipo. 4 puntos
- Convocar reuniones inútiles. 4 puntos
- No escuchar al paciente. 4 puntos
- Actuar como si atención primaria fuera para temas burocráticos o para cosas banales. 5 puntos
- Olvidar que la salud de la población está por encima de todo. 5 puntos
- No escuchar a un profesional porque pertenezca a una categoría "inferior". 5 puntos
- Arrinconar a los que te pueden hacer sombra. 6 puntos
- Ejercer el liderazgo dictatorial centrado en el propio beneficio. 6 puntos

Elogio de la ingenuidad
17/01/2017

En el mundo de las organizaciones sanitarias hay de todo, y de hecho casi podríamos tener un catálogo completo de la naturaleza humana dentro de un centro de salud o de un hospital. Si ya nos metemos en el subgrupo de los que mandan (jefes, jefecillos o líderes), hay personas muy valiosas, pero también hay algunas que tienen claro que su bienestar va por delante del bienestar de su organización. Un ejemplo de estos últimos son los resabiados.

Según la RAE, el resabiado es aquel que, por su experiencia vital, ha perdido su ingenuidad volviéndose agresivo o desconfiado. Podríamos argumentar que se trata de un mecanismo de defensa, o de una actitud ante los engaños constantes por parte de la propia organización, y quizás acertaríamos. Pero nos da miedo esa pérdida de ingenuidad porque al final lo que implica es que surge la resistencia al cambio (la del tipo "*esto ya lo propuse yo*").

¿Es necesario mantener ese punto de ingenuidad en nuestro día a día? ¿O siendo así somos blanco fácil para los que quieren más poder? Al final, el tiempo coloca a cada uno en su sitio, pero a veces tarda tanto en hacerlo...

Bendita ingenuidad... ¿Mejor el matiz de lo ingenuo que el de la maldad y el matonismo organizativo? La rebeldía o las ganas de cambiar el mundo necesitan ese matiz que ayuda a perder el miedo. La desconfianza y la agresividad desmedidas no conducen a nada.

Rebeldes con causa (y sin apoyo)
(Publicado originalmente el 21/12/2017)

Rebeldes institucionales (como en la iniciativa[28] "*Rebels at work*"), hackers organizativos, desobediencia en las organizaciones... Diversas formas para denominar a los trabajadores que persiguen mejorar la organización de la forma más radical que existe: rompiendo sus propias reglas. Este fenómeno fue definido en 2006 por la profesora de la Universidad de New York Elizabeth Morrison como "*pro-social rule breaking*", esto es, como el acto de romper las reglas con un objetivo desinteresado, en interés de la propia organización.

Esta actitud inconformista no siempre es del agrado de la organización. Tal y como apuntan en este artículo[29] de 2012, este comportamiento de desobediencia constructiva no gusta ni a los jefes ni a los compañeros. Así de sencillo... Tal vez por miedo, por desconfianza, incluso por envidia, o por el simple rechazo al que se aparta del grupo. Como cantaba Sabina, nos sobran los motivos.

Por todo ello, la única opción para conseguir que no exista un rechazo ante el inconformismo, es que la propia organización cambie su cultura y promueva este tipo de comportamientos. Iniciativas como The Edge[30] (y su Escuela para Agentes del Cambio del NHS) o "*Breaking rules for better care[31]*" (puesta en marcha por el IHI) son grandes ejemplos de cómo es posible cambiar la cultura de las organizaciones.

No sabemos si en un entorno como el sanitario, en el que la docilidad tiene premio, en el que asentir sin hablar es casi el estándar,

---

[28] Esta iniciativa puede conocerse a través de su web: https://www.rebelsatwork.com/
[29] Dahling, J. J., Chau, S. L., Mayer, D. M., & Gregory, J. B. (2012). Breaking rules for the right reasons? An investigation of pro-social rule breaking. Journal of Organizational Behavior, 33(1), 21-42.
[30] Se puede consultar en este enlace: http://theedge.nhsiq.nhs.uk/
[31] Donald M. Berwick, Saranya Loehrer, Christina Gunther-Murphy. Breaking the Rules for Better Care. JAMA. 2017;317(21):2161–2162

llegaremos a ver una cultura diferente, pero el paciente, el sistema y el profesional se lo merecen. No es posible hablar de innovación, creatividad y compromiso en un entorno de jerarquía, silencio y obediencia, así que... algo habrá que hacer.

3. Incentivos y motivación

La brecha entre la evidencia y la acción: el dilema del profesional
(Publicado originalmente el 28/01/2014)

Tal y como comentaba aquel artículo de Morton y Cornwell[32] sobre las (tres) diferencias entre un hospital y una embotelladora, una de ellas era la naturaleza profesional del trabajo que se realiza. Ser "profesional" implica muchas cosas, entre otras, que pese a existir un conocimiento escrito y demostrado (la evidencia) respecto al camino a tomar, es cada trabajador el que decide en base a dicho conocimiento y a su experiencia.

Sin embargo, no siempre la actuación profesional sigue los caminos del conocimiento. Pruebas que no se piden, guías que no se siguen, prescripción inadecuada, etc... El gap entre la evidencia y la acción es a veces muy grande, y aunque a veces se analiza en términos de eficiencia, es al final el paciente (y no el presupuesto) la principal víctima. Un caso muy conocido son las guías y recomendaciones del NICE, que curiosamente no siempre se utilizan[33] por los profesionales del NHS. De hecho, uno de los problemas de las guías es que, tras el esfuerzo realizado para elaborarla, se hace poco caso a la implementación.

Un artículo[34] de 2001 titulado "*Physician explanations for failing to comply with best practices*" muestra las razones (para un grupo de médicos estadounidenses) por las que no se siguen las directrices de las guías en pacientes con diabetes tipo 2. Hay factores externos al profesional, como el olvido o las circunstancias concretas del proceso clínico, pero existen otras ocasiones en que el profesional no conoce la "*best practice*" o no la avala como tal.

---

32 Morton, A., & Cornwell, J. (2009). What's the difference between a hospital and a bottling factory?. BMJ: British Medical Journal (Online), 339.
33 Dunning, J., & Lecky, F. (2004). The NICE guidelines in the real world: a practical perspective. Emergency medicine journal, 21(4), 404-407.
34 Mottur-Pilson, C., Snow, V., & Bartlett, K. (2001). Physician explanations for failing to comply with" best practices". Effective clinical practice: ECP, 4(5), 207-213.

Para conseguir mejorar en dicho terreno, hay algunos artículos que merece la pena leer, ¿como "Why don't physicians follow clinical practice guidelines? *A framework for improvement*", que apareció publicado[35] en JAMA y proporcionaba algunas ideas para conseguir una mayor adherencia en el uso de guías. El análisis es muy sencillo: primero analizar las barreras para el uso y posteriormente proponer algunas medidas para romper dichas barreras.

¿Y qué ocurre por aquí? Aunque el cambio es un proceso largo, a veces eterno, ha habido medidas que han demostrado ser poco útiles y que sin embargo siguen utilizándose día a día para conseguir adaptar la actuación de los profesionales a las guías y protocolos. Nos vamos a centrar en dos: la obligatoriedad y los incentivos económicos.

En cuanto a esa obligatoriedad, tenemos un reciente ejemplo en los famosos algoritmos terapéuticos de la Comunidad Valencia. En resumen, si el profesional quería realizar una actuación "fuera de algoritmo" (prescribir un IBP a un paciente de 49 años cuando la guía establece que a partir de 50), era casi imposible hacerlo. Es decir, se decidió aplicar la lógica industrial a un proceso basado en la actuación profesional. Aunque los amantes de la eficiencia estarían encantados con unos procesos puramente matemáticos (1+1 siempre van a ser 2), en el sector sanitario no siempre va a ser así.

Además de no contar con los profesionales en su elaboración y de no permitir cambios, fue muy llamativo que, por esa misma aplicación de la evidencia, se permitiera el uso de condroprotectores en el algoritmo de la artrosis. Lógicamente, eliminando la parte subjetiva en la asistencia, la que permite adaptar el conocimiento a la persona, y "obligando" a actuar de una forma concreta a todo el mundo, poco cambio a medio y largo plazo se consigue.

---

35 Cabana, M. D., Rand, C. S., Powe, N. R., Wu, A. W., Wilson, M. H., Abboud, P. A. C., & Rubin, H. R. (1999). Why don't physicians follow clinical practice guidelines?: A framework for improvement. Jama, 282(15), 1458-1465.

Una medida mucho más correcta habría pasado por una historia electrónica que aconsejara o informara al profesional, que le indique el mejor paso pero que permita cambios, que se adapte a la realidad y a las necesidades concretas de la relación entre el profesional y el paciente.

Y ahora es el momento de los incentivos económicos. Aunque es innegable su eficacia en el corto plazo, el funcionamiento de los incentivos económicos a profesionales sanitarios es bastante perverso y son numerosos los problemas que presenta su funcionamiento. Nosotros citaremos solo algunos:

- Cuando te pagan por hacer A y dejan de pagarte por B, ¿hay que seguir haciendo B? Una frase puede resumirlo todo: "*dime como me pagas y te diré como me comporto*".
En un interesante artículo sobre el uso de incentivos en Kaiser Permanente publicado en BMJ[36], se observó claramente como el incentivo es percibido como guía de actuación. Y por ello, en el momento en que una actividad deja de ser incentivada, se lleva a cabo menos que antes del inicio del incentivo. Por ello, el diseño de incentivos basados en objetivos concretos debe tener en cuenta que el profesional va a percibir dicha lista de objetivos como prioridad a la hora de hacer, y quizás relegue en su lista de prioridades otras actividades imprescindibles, pero no incentivadas.

- El incentivo no consigue cambiar a largo plazo.
Los incentivos económicos se interiorizan y es muy complicado conseguir cambiar el comportamiento del profesional a largo plazo. Funcionan para tareas sencillas, simples y de carácter repetitivo, pero no para otras tareas en entornos complejos.

- La ética del incentivo.

---

36 Lester, H., Schmittdiel, J., Selby, J., Fireman, B., Campbell, S., Lee, J., ... & Madvig, P. (2010). The impact of removing financial incentives from clinical quality indicators: longitudinal analysis of four Kaiser Permanente indicators. Bmj, 340, c1898.

De hecho, si el 30 de diciembre compruebo que tengo a 149 pacientes con la revisión por HTA realizada y me pagan un incentivo por llegar a 150, ¿qué hago?[37]

Uno de los retos actuales es conseguir reducir esa brecha entre la evidencia y la acción, difícil pero posible. Para ello es imprescindible centrar los esfuerzos en el aprendizaje constante del profesional y en la definición de "lo correcto". Todo sin entrar en los actuales dilemas de la Medicina (o Práctica) Basada en la Evidencia, casi una religión como ya apuntaban hace unos años en este divertido artículo[38].

---

37 Richards, J. (2009). Is there an elephant in the room?. Br J Gen Pract, 59(562), 376-377.
38 Clinicians for the Restoration of Autonomous Practice (CRAP) Writing Group. (2002). EBM: unmasking the ugly truth. BMJ: British Medical Journal, 325(7378), 1496.

Incentivos para promover el cambio
(Publicado originalmente el 21/03/2017)

Hace unos días, Sergio Minué publicaba un apasionante post[39] sobre los incentivos ligados al desempeño y sus efectos en el sistema sanitario. Las conclusiones de los tres estudios que cita Sergio y del reciente análisis cualitativo firmado por Berdud, Cabasés y Nieto[40] son muy claras: la motivación más importante de los médicos (y por extensión de los profesionales sanitarios) es la llamada motivación intrínseca. De hecho, un mal diseño de los incentivos económicos (el ejemplo más claro de motivación externa) puede ser perjudicial para esa motivación intrínseca.

Las propuestas que surgen de las conclusiones de estos estudios y que Sergio resume acertadamente son la configuración de un sistema de incentivos centrado en formación, investigación, autonomía y reconocimiento. De hecho, el vigente modelo en España empieza a ir a la deriva, dado que la costumbre ha transformado y pervertido el modelo de evaluación permitiendo que en muchos centros la práctica totalidad de profesionales alcancen un grado de cumplimiento del 100% en su desempeño.

La economía del comportamiento propone diversas herramientas para el diseño de incentivos orientados a la mejora de la calidad asistencial (en algún caso pueden rozar el concepto de nudge o la manipulación, todo hay que decirlo). Para ello, en el artículo firmado por Ezekiel y otros[41] ("*Using Behavioral Economics to Design*

---

39 El post de Sergio está disponible en su blog: http://gerentedemediado.blogspot.com.es/2017/03/incentivos-ligados-al-desemepeno-hasta.html
40 Berdud, M., Cabasés, J. M., & Nieto, J. (2016). Incentives and intrinsic motivation in healthcare. Gaceta sanitaria, 30(6), 408-414.
41 Emanuel, E. J., Ubel, P. A., Kessler, J. B., Meyer, G., Muller, R. W., Navathe, A. S., ... & Sen, A. P. (2016). Using behavioral economics to design physician incentives that deliver high-value care-behavioral economics, physician incentives, and high-value care. Annals of internal medicine, 164(2), 114-119.

Physician Incentives That Deliver High-Value Care") en Annals of Internal Medicine, se recuerdan algunos de los principios básicos de la economía del comportamiento:

- Limitación de la información. Suministrar información al profesional no suele implicar un cambio o mejora, aunque es necesaria para evitar desconocimiento.
- Inercia. Nos cuesta mucho cambiar las opciones por defecto. Es de sobra conocido el modelo de trasplante de órganos, en el que se asocian altas tasas de donación a un modelo de autorización por defecto[42].
- Exceso de alternativas. A mayor número de alternativas, peor calidad de la elección o incluso parálisis.
- Inmediatez. Habitualmente las personas preferimos incentivos inmediatos que a largo plazo (más vale pájaro en mano...).
- Aversión a la pérdida. Es esencial asociar cualquier medida a un beneficio, aunque sea testimonial.
- Ranking o comparativa del desempeño. Para que tengan efecto hay que publicar la puntuación o el dato de cada profesional junto a su nombre, algunos estudios han demostrado que los rankings anónimos no tienen apenas efectos en el desempeño.
- Efecto umbral. Hay que adaptar el objetivo a cada profesional para evitar que los que estén lejos de alcanzarlo, dejen de esforzarse por considerarlo imposible.
- Límites de la autodisciplina. Romper cada día en multitud de ocasiones con la costumbre puede ser agotador para un profesional.
- Destacar el pago. Hay que hacer todo lo posible para que el pago del incentivo se realice de forma separada para evitar el efecto que tiene pagarlo junto con el salario habitual.

---

42 Por ejemplo, en España todos somos considerados donantes si en vida no hemos expresado lo contrario.

Una vez revisados los principios de la economía del comportamiento, los autores diseñan cuatro propuestas para el diseño acertado de incentivos dirigidos a cambiar el comportamiento y mejorar la calidad asistencial:

1. Ofrecer información en formato ranking del comportamiento comparado de los profesionales: uso de tecnología, cumplimiento de consejos tipo "*Choosing Wisely*[43]", etc. De esta forma, es probable que algunos profesionales modifiquen su comportamiento y lo adapten al de los mejores.
2. Separar el pago de incentivos del pago habitual de las retribuciones. Incluso se recomienda indicar a cada profesional el desglose de sus incentivos y el importe perdido por no cumplir todos los objetivos marcados y pactados.
3. Destacar el pago de incentivos en alguna época concreta: rebajas, pago de impuestos, etc. De esta forma se destaca aún más su importancia.
4. Cambio y adaptación de procesos asistenciales para evitar que todo dependa de la memoria o la fuerza de voluntad del profesional.

Sin embargo, estas propuestas no son tampoco perfectas, y más aún cuando no se ha evaluado su efectividad en un sistema sanitario como el español. Es muy llamativo que, en nuestro entorno, unos cuantos años después de la puesta en marcha generalizada de sistemas de incentivos, no existan evaluaciones serias sobre su funcionamiento y mecánica interna. De hecho, en muchas organizaciones, los incentivos se han transformado en un incremento salarial fijo frente a la intención original de establecer pagos basados en la calidad y los resultados del desempeño.

---

[43] Choosing Wisely es una iniciativa de difusión de recomendaciones sobre pruebas y tratamientos innecesarios en multitud de patologías.

¿Para cuándo una revisión global y objetiva de los modelos de incentivos? ¿Hay buenas prácticas que puedan generalizarse al resto de organizaciones? Mucho por hacer, sin duda.

Incentivos: ¿es ético que Sonia cobre menos que Sara?
(Publicado originalmente el 21/05/2015)

La reciente publicación de un informe del Comité de Bioética de Aragón[44] sobre los incentivos a los profesionales sanitarios vuelve a poner sobre la mesa uno de los clásicos temas que no ha sido bien resuelto en el ámbito de la gestión sanitaria pública. Hemos querido resumir algunos aspectos clave para el diseño de incentivos para profesionales, a partir de la lectura del informe:

1. El café para todos no funciona. Un incentivo lineal o que no distinga al profesional que busca la excelencia de otro que no lo hace, acaba transformando el incentivo en un complemento más. Como dice el informe: "*Los incentivos no pueden suplir ni suplantar la obligación moral. El incentivo ha de tener entre sus objetivos reconocer el buen ejercicio profesional y recompensar la búsqueda de la excelencia, pero no pueden convertirse en el motor para que los profesionales sanitarios hagan lo que deben hacer*".

2. Asociar un incentivo al ahorro en gasto farmacéutico (prescripción) o al ahorro en gastos de personal, es totalmente contrario a la ética profesional. La eficiencia del sistema es importante pero nunca puede afectar al paciente directa ni indirectamente. Si se detecta que un profesional hace un mal uso de algún medicamento o producto sanitario, hay otros instrumentos para resolver esas situaciones. Como señala el informe: "*Hay dos razones muy poderosas que fundamentan este pronunciamiento tan claro y rotundo: por un lado, el riesgo de no prescribir medicamentos más eficaces solo por razón de su coste (quebranto del principio de beneficencia), y por otro lado la grave amenaza que suponen para la confianza en la relación médico-paciente*".

---

44 El informe se puede consultar en este enlace: http://www.aragon.es/estaticos/GobiernoAragon/OrganosConsultivos/ComiteBioeticaAragon/Documentos/Declaracion%20_Etica.pdf

3. Ojo con los incentivos dirigidos a determinadas técnicas o procedimientos. Si se incentiva hacer A, igual dejamos de hacer B. Y, además, puede que cuando dejemos de incentivar A, se reduzca el procedimiento en cuestión.

4. El diseño de objetivos debería reorientarse a otros de tipo no económico. El informe cita algunos muy conocidos, como "*promoción de la autonomía profesional, la responsabilidad en la gestión, la disponibilidad de recursos suficientes para el desarrollo de la actividad asistencial, la conciliación familiar, el apoyo directo a la formación, la compatibilidad de la asistencia con la docencia y la investigación, el reconocimiento público, la cooperación sanitaria con países en desarrollo, el prestigio profesional y la cultura de pertenencia*". Sin embargo, pese a lo bien que suenan, es muy difícil ponerlos en marcha y conseguir el apoyo unánime de todos los profesionales. A veces es difícil luchar a corto plazo contra un incentivo económico que lleva años implantado. Además, hay directivos y políticos que no creen en este tipo de incentivos y cuando se habla de mejora de la cultura o de investigación o incluso de prestigio, ni están ni se les espera.

5. Ojo con los otros incentivos. En el mundo sanitario hay incentivos externos muy potentes, desde la influencia de la actividad privada (no quiere decir que la sanidad privada sea mala, solo que a veces pasan ciertas cosas que no deberían) hasta el papel que juega la industria farmacéutica (a mitad camino entre la formación, la información y el marketing). La clave es la transparencia, no hay otra solución, y además debe ser plena y sin dobles fondos.

6. En la sanidad pública parece que no estamos acostumbrados a percibir un sueldo diferente al de nuestro compañero, ya que el que cobre menos siempre se sentirá perjudicado o alegará "*me tienen manía*" o "*la medición no ha sido correcta*". Es casi imposible que llueva a gusto de todos, pero la otra opción, la de pagar lo mismo a todos, es peor. Por ello, elegir y difundir adecuadamente los indicadores, revisar adecuadamente las metas a conseguir y evaluar al profesional como se merece (hablando cara a cara y no con una

excel que se remite por email) son algunas de las pautas que merece la pena seguir para mejorar la imagen de los incentivos.

El problema de los incentivos: a propósito de un caso

(Publicado originalmente el 25/07/2017)

La última moda en el mundo de los incentivos es el pago por desempeño, el famoso P4P, que pretende retribuir a los profesionales sanitarios por el cumplimiento de unos objetivos. Como resumen, una reciente revisión sistemática publicada en Annals of Internal Medicine[45] mostraba que el pago por desempeño mejora notablemente los procesos asistenciales, pero no se observa ninguna mejora en resultados en salud.

Una de las medidas que se puso en marcha en el NHS, se centró en mejorar el diagnóstico de demencia por parte de los médicos de familia. Para ello, desde octubre de 2014 a marzo de 2015 se incentivó con 55 libras cada nuevo diagnóstico (en algunas zonas el pago se incrementó a 200 libras). Como es de esperar, esta medida fue muy criticada dado que el componente financiero podía influir en el diagnóstico médico pudiendo incluso generar un sobrediagnóstico.

¿Qué ocurrió? Pues lo lógico: en el periodo incentivado de 6 meses, el número de personas con diagnóstico de demencia se incrementó en un 19% (pasando de 336.445 a 400.707). En los meses previos, el número de personas con demencia oscilaba alrededor de 330.000, sin incrementos notables. Curiosamente, en los 9 meses siguientes (desde abril a diciembre) el incremento en los pacientes diagnosticados fue 6% (llegando a 423.000 personas diagnosticadas). ¿Se habría comportado el proceso diagnóstico de la misma forma sin incentivo? ¿Son correctos todos los diagnósticos? ¿Hay una inercia cuando acaban los incentivos?

---

45 Mendelson, A., Kondo, K., Damberg, C., Low, A., Motúapuaka, M., Freeman, M., ... & Kansagara, D. (2017). The Effects of Pay-for-Performance Programs on Health, Health Care Use, and Processes of CareA Systematic ReviewEffects of P4P Programs on Health, Health Care Use, and Processes of Care. Annals of internal medicine, 166(5), 341-353.

Motivación: más allá del dinero
(Publicado originalmente el 10/03/2016)

Hablar de motivación y de incentivos con la que está cayendo es casi una utopía, pero la eficiencia del sistema depende de que los profesionales estén motivados y correctamente incentivados. No vamos a hacer un desarrollo extenso sobre la teoría de la motivación y de los incentivos para profesionales sanitarios, pero queremos compartir cuatro ideas y ocho reflexiones. Podrían ser más, pero eso lo dejamos para otro día.

1. No todo es el dinero.
Poco podemos añadir. Los incentivos económicos son más sencillos de poner en marcha y, a corto plazo, casi automáticos, pero son muy peligrosos y además pierden su potencia en poco tiempo. Por otra parte, crean situaciones perversas al generar expectativas: "*si dejas de pagarme, dejo de hacerlo*". Es curioso como si se pregunta por los problemas laborales en un hospital o centro de salud, surgen mil áreas de mejora. Pero cuando se pide la opinión sobre factores de motivación, lo primero que se cita es el dinero.

2. El equipo de trabajo.
Compañeros de trabajo, jefes, sentirse reconocido en el trabajo, relaciones con el resto de profesionales... Se trata de elementos difíciles de gestionar y dependen de las actitudes de los profesionales, aunque la organización debe proporcionar un entorno de trabajo adecuado. En el sistema nacional de salud, hay mucha variabilidad en los equipos de trabajo dentro de cada centro. Además, existen algunos elementos que no ayudan especialmente: ciertos equipos que se perpetúan pese a que necesitan "*savia nueva*" o a equipos (con mala fama) en los que nadie quiere permanecer.

3. El tipo de trabajo.
Como decía Hertzberg, "*Forget praise. Forget punsihment. Forget cash. You need to make their jobs more interesting*". ¿Podemos mejorar el tipo

de trabajo que se realiza? Como decía Carlos Núñez en su blog El EnfermeraCtivista: "*si quieres huevos, preocúpate de las gallinas*".

4. El liderazgo.
Una de las partes esenciales de la motivación es el jefe. Ideas claras, participación del trabajador, buena comunicación interna, etc. Pese a ello, no hay jefe perfecto ya que en equipos numerosos es imposible que el jefe caiga bien a todos. De hecho, hay jefes muy valorados por su equipo que sin embargo no están alineados con la organización o incluso no cumplen con los estándares esperados de ética o profesionalidad; pero también hay jefes con grandes valores y principios firmes que no conectan con su equipo.

Y ahora llega el momento de unas cuantas reflexiones finales:
- ¿Podremos recuperar "la necesidad de hacer las cosas bien por el simple hecho de hacerlas"? ¿O es una utopía?
- ¿Cuál es el papel del jefe? ¿Podemos mejorar el clima laboral mejorando las habilidades y actitudes de los jefes?
- ¿Hay trabajadores desmotivados que ya han llegado al nivel de pasotismo máximo y nunca saldrán de ahí?
- ¿Hay mucha influencia externa en la motivación/desmotivación? ¿Un mal ambiente político puede conseguir que una organización sanitaria motivadora y magnética caiga en picado?
- ¿Sirven los premios y las acreditaciones para motivar al profesional?
- Cuando se definen las estrategias corporativas de un servicio de salud y se plantean los planes de acción, ¿se analiza minuciosamente su impacto en cada centro?
- ¿Se conoce la cultura organizativa de cada organización sanitaria? ¿Es posible que los políticos se den cuenta que el Hospital A no es igual que el B, y que el centro de salud C es diametralmente opuesto al D? ¿Podemos cambiar esa cultura? ¿Merece la pena hacerlo?
- El rediseño del sistema de recursos humanos es mucho más que plantear más días libres o analizar el plan de formación.

Nadie da el paso de promover cambios profundos o de pedir nuevas reglas del juego. Y si alguien las propone, alguien las dinamitará. Ley de vida...

El equipo Ébola y la motivación
(Publicado originalmente el 21/07/2016)

Aunque el BMJ califique a la investigación cualitativa como de "*baja prioridad*", las revistas siguen publicando estudios cualitativos de gran calidad. Hay uno que nos ha llamado mucho la atención, publicado por Gaceta Sanitaria[46] con el título "*Motivaciones y experiencias emocionales del primer equipo multidisciplinario hospitalario entrenado para atender casos de Ébola en Andalucía (2014-2016)*". Su objetivo es conocer la motivación y la experiencia desde una perspectiva emocional, y más teniendo en cuenta toda la presión mediática que se creó tras el contagio de Teresa Romero.

Nos vamos a quedar con unos pocos elementos citados en las entrevistas que realizó el equipo investigador (del departamento de enfermería de la Universidad de Sevilla y del distrito sanitario de atención primaria de Sevilla) respecto de dos temas cruciales: liderazgo y trabajo en equipo.

Sobre liderazgo, nada como esta frase respecto a la confianza en el líder que dijo una médica de infecciosas:

"*Confío mucho en X, confío mucho en A, yo llevo 5 años viendo cómo han tratado a los pacientes, viendo cómo han tratado situaciones gravísimas y confío plenamente, pues digo, bueno, si ellos se meten, yo confío plenamente en lo que ellos hagan (...) yo plena confianza y admiración por ellos*" (médica de infecciosas).

Sobre el trabajo en equipo son dos frases las que nos llaman la atención, una que dijo un celador y otra de una enfermera de cuidados intensivos.

---

46 Casado-Mejía, R., Brea-Ruiz, M. T., Torres-Enamorado, D., Albar-Marín, M. J., Botello-Hermosa, A., Santos-Casado, M., & Casado-Rojas, I. (2016). Motivaciones y experiencias emocionales del primer equipo multidisciplinario hospitalario entrenado para atender casos de Ébola en Andalucía (2014-2016). Gaceta Sanitaria, 30(4), 242-249.

"El traje ha unido las categorías profesionales (médico de infecciosas) Es un equipo humano, que hace muchos años que eso aquí desapareció. Y no hay estamento ninguno, ahí somos todos iguales" (celador).

"Nos hemos dado cuenta de que haciendo las cosas en grupo las hacemos mejor; creo que también se ha seguido una estrategia buena que hemos ido conociéndonos y hemos ido rodando... La categoría profesional implica la tarea que tienes que hacer, pero es tu compañero y lo tienes que cuidar independientemente de la categoría, yo creo que eso ha reforzado mucho (médico de infecciosas).

"Cuando yo llegué aquí y vi al equipo y que todos estamos para lo mismo, pues ya para mí el miedo y eso... Pues me sentí como arropada por la gente que estábamos a lo mismo" (enfermera de cuidados intensivos).

Ante tantos tópicos sobre liderazgo y trabajo en equipo, nada como la realidad para comprender mejor los conceptos. Historias que enriquecen, y se agradece.

Motiva(c)cion: buscando la palanca de cambio
(Publicado originalmente el 14/02/2017)

La culpa es de Pedro Soriano. Hace unas semanas decidió escribir un post[47] y lanzar un hashtag sobre motivación para profesionales sanitarios. Tuvo un gran seguimiento y se lanzaron al aire muchas ideas, algunas de ellas muy interesantes (otras, todo hay que decirlo, parecían lemas de Mr Wonderful). Como el tema nos interesa mucho, decidimos escribir una entrada para que las reflexiones y aportaciones no se quedaran en unos cuantos tuits.

Por un lado, podríamos haber hablado de incentivos y motivación externa, es decir, de ese empujón a nuestra actividad y entrega que se consigue gracias a los incentivos económicos. Pero todos conocemos las trampas que hay detrás del dinero: solo permite obtener motivación a corto plazo, tiene un trasfondo poco ético en ocasiones, y según un reciente estudio[48] los incentivos (productividad) no tienen ningún efecto sobre la satisfacción laboral.

Otro elemento de la motivación externa, por parte de líderes, jefes, etc. son las palabras. Un ejemplo son las citas motivacionales, un clásico en nuestro día a día, ya sea con forma de taza o de mensaje de whatsapp, pero con una duda latente: ¿son realmente efectivas estas citas sobre la motivación de las personas? No hay muchos estudios al respecto, pero en uno del año 2015 que revisa la influencia de este tipo de citas sobre el rendimiento y la motivación de los estudiantes, se encontró que el impacto era muy bajo. Otro ejemplo en cuanto a las palabras, es el reconocimiento por parte de los jefes a los trabajadores, y en este caso el impacto es muy elevado. Quizás haya que repensar el valor de las palabras, y no usar tanto las de otros, que valen para un roto y para un descosido.

---

47 El post en cuestión se puede leer en este enlace: http://sdesalud.es/la-motivacion-la-pocion-magica-de-la-sanidad/
48 Allen, T., Whittaker, W., & Sutton, M. (2017). Does the proportion of pay linked to performance affect the job satisfaction of general practitioners?. Social Science & Medicine, 173, 9-17.

Además, es imprescindible hablar de confianza (como en esta revisión[49] del año 2015), dado que es uno de los elementos que más motiva a los profesionales de la salud. No se trata de confianza con los jefes, ya que la revisión citada analiza también la confianza en los compañeros, en la propia organización y también con los pacientes. En todos los casos, la existencia de confianza genera elementos motivadores para los trabajadores.

Pero, ¿existe algún catálogo de herramientas motivacionales para una organización? Es fácil encontrar en google mil y un listados con estrategias de motivación, pero conviene recordar algo: el exceso de motivación extrínseca instantánea (por ejemplo, dinero) acaba debilitando la motivación intrínseca. Si buscamos un cambio real, un avance importante en el desempeño y en el desarrollo personal y profesional, la motivación intrínseca es la única que cuenta y por eso debilitarla es un error. Os recomendamos leer este breve artículo[50] publicado en The New York Times sobre el tema.

Y para acabar, es el momento de cerrar el círculo hablando de la relación entre motivación de los profesionales y experiencia del paciente. El papel del equipo, del clima de trabajo, de las relaciones con los jefes, del estilo de liderazgo, etc. afectan positivamente al profesional y también al paciente. La motivación es un factor clave para la mejora de la calidad, y muchos gestores se centran en el dinero y en los incentivos económicos, olvidando la potencia de elementos como la confianza, el reconocimiento, la transparencia, el trabajo en equipo y la colaboración. Todo cuenta, pero algunas cosas cuentan más que otras.

---

49 Okello, D. R., & Gilson, L. (2015). Exploring the influence of trust relationships on motivation in the health sector: a systematic review. Human resources for health, 13(1), 16.
50 El artículo se puede consultar en este enlace: https://www.nytimes.com/2014/07/06/opinion/sunday/the-secret-of-effective-motivation.html

4. Calidad e innovación

La satisfacción del paciente: prioridades y excesos
(Publicado originalmente el 12/01/2017)

Llevamos unos años en los que la opinión del paciente, recogida a través de encuestas o entrevistas, tiene un peso muy importante en la gestión sanitaria y en el comportamiento de las organizaciones y los profesionales. Y más aún cuando una parte de los incentivos económicos dependen de la satisfacción de los pacientes.

Sin embargo, y teniendo en cuenta que alguno de los elementos que influyen en la satisfacción del paciente no son estrictamente técnicos o profesionales, y dependen más del entorno, la hostelería o la prescripción, la influencia de estas encuestas no es lógica en ocasiones. De hecho, ya hay algunos artículos que se plantean si la satisfacción del paciente puede tener consecuencias negativas en la calidad de los cuidados y la seguridad del paciente.

Una encuesta[51] realizada por la web Emergency Physicians Monthly mostró en 2009 algunos resultados muy llamativos: el 40% de los médicos entrevistados manifestó haber cambiado algún tratamiento para conseguir una mejor puntuación, y un 67% de estos señaló que el tratamiento pautado no era clínicamente necesario para el paciente.

En un artículo[52] publicado en la revista Plastic and Reconstructive Surgery se preguntan si el excesivo énfasis en la satisfacción del paciente puede acabar provocando que nos centremos más en decorar la consulta o poner en marcha un comedor gourmet que en ser mejores profesionales o realizar las mejores técnicas. Tal y como señalan los autores:

"El enfoque centrado en los comentarios de los pacientes ha sesgado las agendas de los directivos sanitarios, y los planes hospitalarios a largo plazo ahora se

---

51 La encuesta se puede consultar en este enlace: http://epmonthly.com/blog/could-satisfaction-surveys-be-harming-patient-care/
52 Cohen, J. B., Myckatyn, T. M., & Brandt, K. (2017). The Importance of Patient Satisfaction: A Blessing, a Curse, or Simply Irrelevant?. Plastic and reconstructive surgery, 139(1), 257-261.

centran en renovar los edificios, ascensores, vestíbulos y plantas de hospitalización, y también en lujos como parking con aparcacoches y comidas gourmet. Se podría argumentar que estos gastos costosos tienen más que ver con la percepción de la calidad de la atención médica que con los resultados reales."

Este comportamiento defensivo para evitar perder incentivos y no aparecer el último en la clasificación acaba provocando que se eviten ciertas conversaciones incomodas y se acceda a la prescripción de medicamentos innecesarios, como ocurre con los antibióticos. Al final, todo se reduce a aquella frase que tantas veces hemos escuchado: "*dime como me pagas, y te diré como me comporto*". No es un comportamiento habitual, pero el riesgo está ahí y puede ser que de tanto poner el acento en determinadas estrategias alrededor de la calidad percibida, olvidemos la parte técnica.

El punto medio, ese equilibrio entre la satisfacción y la calidad técnica, debe ser el eje de toda actuación y estrategia. Las modas no suelen ayudar, pero es evidente que el paso del tiempo y los cambios sociales han provocado que haya otros factores a tener en cuenta de cara a evaluar los resultados del sistema sanitario. Y así, además de las medidas clásicas que aparecen en cualquier plan estratégico, hay otras que generan resultados positivos para el paciente (como la relación entre profesionales y pacientes, el trato y la escucha, la humanización, etc.) y que deben ser tenidas en cuenta.

Sin embargo, centrar un buen porcentaje de los incentivos en estas medidas más centradas en el paciente, puede dar un mensaje equivocado a las organizaciones y profesionales. Se trata de un elemento esencial, tan esencial como otros (por ello el énfasis, ya que hace unos años era algo secundario o inexistente), pero no debemos olvidar el resto de elementos.

Calidad: a veces hay que volver a los clásicos
(Publicado originalmente el 11/04/2017)

En 2009, Kieran Walshe, un investigador de la Manchester Business School, publicó un artículo[53] en la revista International Journal for Quality in Health Care. Su objetivo era revisar los conceptos relacionados con la mejora de la calidad y la innovación y comprobar si las modas tenían algún efecto. Y todo porque había herramientas que surgían y a los pocos años dejaban de ser utilizadas ya que surgía otra nueva. Curiosamente, la base de muchas de estas herramientas era demasiado parecida.

El artículo planteaba que quizás la innovación en técnicas de mejora de la calidad no es tal, es decir, surgen nuevos métodos que quizás no son tan nuevos (reinvención más que innovación). Lo primero que comprobó era el carácter cíclico de los conceptos y herramientas y para ello utilizó un análisis bibliométrico entre 1988 y 2007.

La mayoría de los términos tienen una vida de unos 5 o 6 años. Algunos tardan tiempo en arrancar (como la gobernanza clínica) y solo unos pocos se mantienen (acreditación, por ejemplo). Pero otros, como TQM (total quality management) o rediseño de procesos han caído en desuso.

Además, Walshe plantea que muchas herramientas proceden de un tronco común y no son más que pequeñas variaciones superficiales del mismo concepto o teoría de mejora de la calidad. Su análisis encuentra muchos parecidos:
- La mayoría de las técnicas de mejora se basan en el ciclo de mejora de siempre.
- Las técnicas que se usan son comunes: diagramas causa-efecto, mapa de procesos, tormenta de ideas, indicadores de seguimiento,

---

53 Walshe, K. (2009). Pseudoinnovation: the development and spread of healthcare quality improvement methodologies. International Journal for Quality in Health Care, 21(3), 153-159.

etc. Puede que el nombre de la nueva herramienta sea diferente, pero la base es similar.
- Siempre se habla de la necesidad del apoyo de los líderes y de toda la organización.
- Y por supuesto, todas las herramientas indican que es necesaria la participación de todos los profesionales de cara a encontrar las mejores ideas para mejorar los procesos.

Las conclusiones del artículo son totalmente vigentes en la actualidad. La evidencia de los métodos y herramientas que se usan para tomar decisiones en el entorno sanitario es muchas veces inconsistente o incluso inexistente. No podemos abrazar las nuevas técnicas solo porque están de moda, o porque las utilizan las mejores organizaciones. Antes de cambiar hay que comprobar si nuestro actual arsenal de herramientas o metodologías sigue siendo útil a nuestros objetivos o necesita un cambio.

Calidad asistencial y experiencia del paciente: ¿conectados?

(Publicado originalmente el 18/05/2017)

Hay artículos científicos que nos deberían hacer reflexionar, pero no lo parece... En 2016, un grupo de investigadores de diversos países europeos publicó este artículo[54] en PLOS sobre la relación entre la experiencia del paciente y las estrategias de mejora de la calidad en diversos hospitales. Y la sorpresa fue mayúscula.

Resulta que, tras recoger datos de 6536 pacientes correspondientes a 76 hospitales, la experiencia del paciente apenas influye en las medidas de mejora de la calidad de dichos centros. Cada vez se escucha más al paciente, se recoge su opinión y se intenta transformar la asistencia y la gestión para conseguir que, de verdad, el paciente esté en el centro. Pero muchas veces las cosas no salen como parece.

Por un lado, el papel reactivo de muchas unidades de atención al paciente, más centradas en evitar reclamaciones y en reducir las demandas por errores en la asistencia, que en recoger la experiencia del paciente. Quizás la presión de los indicadores y objetivos institucionales (es muy habitual la "respuesta en plazo a las reclamaciones") parece que invita a centrarse en la resolución de incidencias más que en la incorporación de la voz del paciente en el día a día.

Siguiendo con las directrices institucionales, cuando se dictan medidas de mejora de la calidad dirigidas a un grupo heterogéneo de centros sanitarios, es muy difícil acertar. Tal vez sea necesario que los centros tengan autonomía para adaptar y mejorar esas directrices y así centrarse en sus propios problemas.

---

[54] Groene, O., Arah, O. A., Klazinga, N. S., Wagner, C., Bartels, P. D., Kristensen, S., ... & Der-Sarkissian, M. (2015). Patient experience shows little relationship with hospital quality management strategies. PloS one, 10(7), e0131805.

Y para acabar, otro elemento clave: los procesos de acreditación en sistemas de calidad. Muchas organizaciones se entregan en cuerpo y alma a estos modelos y la evidencia sobre su eficacia es prácticamente nula (al menos en los estudios que se han publicado). En muchas organizaciones, la dirección se empeña en poner en marcha un proceso de acreditación o cumplimiento de estándares sin apenas comunicar a los profesionales sobre su objetivo o sobre las implicaciones que va a tener, y el resultado es paradójico: hospitales acreditados sin que muchos profesionales lo sepan (salvo la habitual nota de prensa).

¿Estamos llegando a un entorno demasiado burocrático en las estrategias de calidad? ¿Hay una desconexión entre las medidas de mejora de la calidad y las peticiones de paciente y profesional? ¿Las directrices corporativas de calidad tienen en cuenta las particularidades de cada organización o son de "*obligatorio cumplimiento*"? Mucho por hablar, como siempre.

Mystery shopping en organizaciones sanitarias
(Publicado originalmente el 02/05/2017)

Cada vez más, el *"mystery shopping"* se utiliza en el ámbito sanitario. Esta herramienta procede del mundo del marketing y se centra en la evaluación de los procesos de compra, atención al cliente, servicio postventa, etc. mediante el uso de clientes ficticios que simulan su participación en el proceso en cuestión. Así, diversos expertos (actores en muchas ocasiones) se hacen pasar por clientes enfadados, clientes que piden un presupuesto, clientes que quieren reclamar, etc. Se trata de una evaluación sin el sesgo de la presencia del evaluador ya que este tipo de "clientes misteriosos" nunca se presentan y basan su objetividad en el anonimato (no obstante, se recomienda que en las organizaciones se informe sobre este tipo de evaluaciones). Un ejemplo reciente en España fue un estudio[55] de la OCU basado en "*acudir a la consulta de especialistas de neurología fingiendo un cuadro simple de migraña y recoger la actitud de estos médicos y sobre todo si solicitaban pruebas complementarias de imagen como TAC o RMN cerebra*l".

Otro ejemplo muy comentado ocurrió en 2011, cuando en plena época de escasez de médicos de familia, el gobierno Obama puso en marcha un programa de "*mystery shopping*" para conocer si las consultas rechazaban a los pacientes de los programas públicos y aceptaban a los de seguros privados (que les aportan más ingresos). Finalmente, el programa se canceló por la polémica que se generó basada en algunos aspectos poco éticos, aunque hubo voces a favor de dicha evaluación (incluso en el NEJM).

En el NHS, por ejemplo, es habitual que los hospitales realicen evaluaciones basadas en este modelo, con la particularidad de que reclutan a los "*mystery shoppers*" de forma pública. Además, diversas

---

[55] El estudio ha sido comentado en este artículo de Rafa Bravo: https://rafabravo.blog/2016/12/15/un-dolor-de-cabeza/

guías sobre participación del paciente recomiendan esta herramienta. Por otra parte, hay diversos estudios realizados para evaluar esta herramienta o para presentar resultados sobre algún proceso o entorno de trabajo. En 2003 ya se publicó en The British Journal of General Practice un breve estudio[56] realizado en Nueva Zelanda para evaluar la atención telefónica en los sistemas de triage de atención primaria.

Un artículo[57] muy interesante se publicó en 2015 en Health Policy. Los autores evalúan la posibilidad de utilizar esta técnica por parte de los servicios de inspección sanitaria en Holanda en el ámbito de la atención a personas mayores institucionalizadas, y para ello realizan una revisión de la literatura además de entrevistar a expertos en "*mystery shopping*" así como a inspectores. Las conclusiones no avalan el uso de esta herramienta para los objetivos de un organismo de este tipo, ya que es difícil conocer la calidad y seguridad de los cuidados que se llevan a cabo. Sin embargo, para otro tipo de evaluación sí parece ser efectivo y útil.

Como curiosidad, en España hay pocas experiencias al respecto: ninguna referencia en el libro de comunicaciones del último Congreso Nacional de Hospitales ni en el de Calidad Asistencial (al menos en el libro del congreso de 2015, que el de 2016 no está disponible). La única referencia bibliográfica[58] se publicó en 2007 en la Revista de Calidad Asistencial bajo el título "*La utilización del cliente simulado en la evaluación de los servicios de atención al cliente*". Se realizó una evaluación de la atención al paciente en diversas unidades de un hospital desde una perspectiva de mejora y no como una auditoría o fiscalización. Las conclusiones fueron muy positivas.

---

56 Moriarty, H., McLeod, D., & Dowell, A. (2003). Mystery shopping in health service evaluation. Br J Gen Pract, 53(497), 942-946.
57 Adams, S. A., Paul, K. T., Ketelaars, C., & Robben, P. (2015). The use of mystery guests by the Dutch Health Inspectorate: Results of a pilot study in long-term intramural elderly care. Health Policy, 119(6), 821-830.
58 Hernando, P., Lechuga, F. J., & Ávila, A. (2007). La utilización del cliente simulado en la evaluación de los servicios de atención al cliente. Revista de Calidad Asistencial, 22(2), 78-84.

¿Podría ser útil utilizar esta técnica para evaluar las organizaciones sanitarias? Tal y como señalan los expertos, es necesario tener en cuenta que se trata de una técnica más dentro de los procesos de evaluación (generalmente complejos y basados en diversas herramientas), además es conveniente que los profesionales conozcan el objetivo de la evaluación con esta técnica, así como las características básicas. La única duda que se plantea es de índole ético: tal y como señalan en este artículo[59] de 2002 (publicado en Business Ethics) esta técnica se basa en el engaño y en la obtención de información con datos falsos. Aunque en otros foros justifican su uso dado que el objetivo es mejorar la calidad asistencial al ciudadano. El debate está abierto.

---

59 Accesible en este enlace: https://measurecp.com/ethics-of-mystery-shopping-and-health-care/

¿Sirve Twitter y Facebook para mejorar la calidad?
(Publicado originalmente el 27/06/2017)

Hay múltiples formas de medir la experiencia del paciente, o al menos de conocer su opinión. La más instaurada en nuestro sistema nacional de salud es la de las reclamaciones y quejas escritas, a través de un procedimiento burocrático centrado en ofrecer respuestas de reactivo. Sin embargo, los usuarios del sistema sanitario se expresan por otros medios, como los foros y las redes sociales.

Un claro ejemplo es el uso de Twitter para hablar de la calidad de los centros sanitarios y de la atención recibida. Tal y como describe este artículo[60] del año 2015, Twitter es una herramienta muy potente para conocer la opinión del paciente sobre temas tan diversos como la calidad de la comida, el trato recibido, la espera, la limpieza o incluso con mensajes enviados directamente a la cuenta del centro sanitario con dudas o preguntas.

Por supuesto, Twitter es una herramienta fácil de gestionar y de monitorizar, pero requiere que al otro lado haya alguien respondiendo, revisando y reportando los problemas para que se evalúe si es necesario actuar, mejorar o dejarlo igual. ¿Tiene una cuenta de twitter tu hospital? ¿Hay una estrategia clara de uso de redes sociales? Este artículo[61] del año 2017 habla precisamente de la presencia online de los hospitales españoles, y contiene algunas recomendaciones muy útiles.

La diferencia principal entre Twitter y Facebook es que, si bien en twitter es habitual tener la cuenta abierta para que cualquiera pueda leer o revisar tuits, en Facebook la inmensa mayoría son privadas

---

60 Hawkins, J. B., Brownstein, J. S., Tuli, G., Runels, T., Broecker, K., Nsoesie, E. O., ... & Greaves, F. (2016). Measuring patient-perceived quality of care in US hospitals using Twitter. BMJ Qual Saf, 25(6), 404-413.
61 Martinez-Millana, A., Fernandez-Llatas, C., Bilbao, I. B., Salcedo, M. T., & Salcedo, V. T. (2017). Evaluating the Social Media Performance of Hospitals in Spain: A Longitudinal and Comparative Study. Journal of Medical Internet Research, 19(5), e181.

y no se puede acceder libremente. Por ello, Facebook suele utilizarse para conocer la valoración de los usuarios a través de las estrellas que se pueden otorgar a las páginas o a través de los Likes que tienen.

Un artículo[62] de 2017 encuentra una relación positiva entre las estrellas de valoración de un hospital y el nivel de calidad alcanzado en el indicador de satisfacción del paciente conocido como HCAHPS (*Hospital Consumer Assessment of Healthcare Providers and Systems*). De hecho, un incremento en la valoración de estrellas se asoció con mejoras en 21 de las 23 medidas que incluye dicho indicador. Sin embargo, dicha relación no se encontró con los Likes que recibió la página.

Obviamente, gestionar adecuadamente las redes sociales no va a implicar una mejora radical del funcionamiento de un centro sanitario, pero no podemos olvidar que la comunicación con el paciente o con los cuidadores es esencial, y Twitter y Facebook pueden ser canales muy útiles y potentes para estar al día de las preocupaciones, dudas o críticas de los usuarios. Y por supuesto para aprender aún más sobre la experiencia de los pacientes.

---

[62] Campbell, L., & Li, Y. (2017). Are Facebook user ratings associated with hospital cost, quality and patient satisfaction? A cross-sectional analysis of hospitals in New York State. BMJ Qual Saf, bmjqs-2016.

Innovación basada en el glamour
(Publicado originalmente el 11/07/2017)

Reordenando nuestra biblioteca virtual de artículos, nos hemos tropezado con uno de nuestros textos favoritos[63] sobre innovación. Su título es "*Problems and promises of innovation: why healthcare needs to rethink its love/hate relationship with the new*" y se publicó en 2011. El artículo presenta tres paradojas sobre la innovación que siguen totalmente vigentes. La primera es un clásico de siempre: existen prácticas (o dispositivos o técnicas) que son inmediatamente adoptadas por la mayoría de los profesionales pese a que su eficacia es dudosa, mientras que hay otras más seguras y con mejores resultados para los pacientes que se quedan aparcadas en el cementerio de las buenas ideas. Entre los ejemplos que cita, aparece el *laetrile* para el cáncer (de moda en los setenta pese a la falta de evidencia sobre su eficacia y seguridad). Habitualmente, esa innovación que se adopta rápidamente suele ir acompañada de tecnología cara y con lucecitas y botones.

En la cara B de esta primera paradoja, aparecen prácticas, como el lavado de manos, que por su falta de glamour o por la ausencia de tecnología, son de difícil difusión e implementación. Está claro que lo nuevo siempre llama la atención, y lo aburrido pues... aburre y nadie se fija. Quizás el reto sea buscar la parte glamurosa de lo aburrido, seguro que es posible.

La segunda paradoja tiene que ver con el trabajo colaborativo a la hora de poner en marcha nuevos proyectos. Es de sobra conocido que se trata de una estrategia ganadora (involucrar a los agentes en la puesta en marcha) pero si se confía exclusivamente en la colaboración y cooperación seguramente acabaremos ahogando el

---

[63] Dixon-Woods, M., Amalberti, R., Goodman, S., Bergman, B., & Glasziou, P. (2011). Problems and promises of innovation: why healthcare needs to rethink its love/hate relationship with the new. Quality and Safety in Health Care, 20(Suppl 1), i47-i51.

proyecto. Hay mil riesgos: individuos que acaban incorporando sus propios objetivos y dejen a un lado los del grupo, problemas gremiales (la profesión A opina una cosa, la profesión B opina otra y la profesión C se enfada porque no han contado con ella) o el cambio de la ilusión de los primeros meses al tedio y la monotonía cuando el proyecto lleva un año.

La tercera paradoja es la incapacidad de los sistemas sanitarios para seguir el ritmo de la innovación. En un campo concreto surge una innovación, el sistema se adapta, la incorpora, empieza a evaluarla, medirla, mejorarla, protocolizarla... y de repente dicha innovación queda anticuada y se incorpora otra. Un buen ejemplo son las apps móviles, ya que las mejoras de los dispositivos móviles y de los lenguajes de programación son más rápidas que los esfuerzos organizativos por adaptarse a estos cambios. Quizás por ello aún estemos revisando si el envío de mensajes SMS funciona o los *call center* son útiles, cuando son tecnologías de hace 5-10 años.

El sistema actual no es el mejor para abrazar la innovación y quizás necesite de algunos cambios radicales que mejoren su agilidad y su visión de futuro. Y como dice el artículo que comentamos, la racionalidad no es precisamente la guía habitual para incorporar innovación al sistema.

El sesgo de la opinión online
(Publicado originalmente el 03/08/2017)

Si hablamos de factores que promueven el uso de un tratamiento, pensaríamos rápidamente en la evidencia científica: artículos, ensayos, etc. Sin embargo, algunos estudios invitan a pensar en otro factor crucial: los rumores basados en la evidencia.

Micheal de Barra es investigador del grupo de psicología de la salud en la Universidad de Aberdeen y ha publicado dos artículos muy interesantes sobre este tema. En ambos, demuestra la existencia de un sesgo muy peligroso: ante un tratamiento, las personas con buenos resultados suelen compartir online sus resultados en mayor proporción que las que tiene resultados neutros o negativos.

En su artículo[64] "*How feedback biases give ineffective medical treatments a good reputation*", de Barra comparó las revisiones y comentarios del libro de la famosa dieta Atkins en Amazon frente a los resultados de varios ensayos clínicos (basados en pacientes que reciben el libro y se les hace un seguimiento). Los resultados son asombrosos: a los 6 meses de la entrega del libro, los ensayos mostraban una reducción de peso de 6 kilogramos, mientras que en Amazon la media era de 25 kilogramos.

En 2017, el mismo autor publicó un artículo[65] en Social Science and Medicine con resultados muy similares. En este caso utilizando reductores de colesterol del tipo Danacol y medicación para reducir peso. ¿Y cuál es el motivo de este sesgo? Tal y como señala el autor: "*Quizás la gente prefiera no recordar períodos con mala salud. Una mejora en el estado de salud, por el contrario, es una experiencia más positiva y, por lo tanto, las personas pueden estar más motivadas para compartirlo con*

---

64 De Barra, M., Eriksson, K., & Strimling, P. (2014). How feedback biases give ineffective medical treatments a good reputation. Journal of medical Internet research, 16(8).
65 de Barra, M. (2017). Reporting bias inflates the reputation of medical treatments: A comparison of outcomes in clinical trials and online product reviews. Social Science & Medicine, 177, 248-255.

los demás. Además, decir públicamente que un tratamiento falló implica decir que uno todavía está enfermo, y quizás algunas personas quieran evitar esta situación. Un resultado positivo, por otro lado, transmite el mensaje de que uno está ahora libre de la enfermedad."

Este comportamiento por parte de los pacientes en el ámbito online coincide con la revisión[66] que publicaron en 2015 Hoffmann y Del Mar en JAMA Internal Medicine. La conclusión de dicha revisión es que la mayoría de los participantes sobreestimaron el beneficio de la intervención y subestimaron el daño.

Ocurre algo parecido con las opiniones online sobre profesionales sanitarios, con un sesgo que han bautizado como "*sonido del silencio*", tal y como cuentan en esta carta a la directora[67] sobre opiniones online en el portal Doctoralia y que publica la Revista de Calidad Asistencial. En resumen, si confiamos exclusivamente en las evaluaciones online de tratamientos de salud, quizás nos llevemos una sorpresa.

---

66 Hoffmann, T. C., & Del Mar, C. (2015). Patients' expectations of the benefits and harms of treatments, screening, and tests: a systematic review. JAMA internal medicine, 175(2), 274-286.
67 Ibáñez, R., & Lupiañez-Villanueva, F. (2017). Análisis de 51.996 opiniones online sobre profesionales sanitarios en una web comercial. Revista de Calidad Asistencial.

¿El EFQM mejora los resultados de las organizaciones sanitarias?

(Publicado originalmente el 23/10/2017)

Muchos servicios de salud apuestan por las certificaciones de calidad, pero pocos evalúan si esos sellos y modelos sirven de algo. Por eso nos ha llamado mucho la atención el reciente informe de evaluación[68], publicado por Osteba, bajo el título "*Impacto de la implantación de EFQM en Osakidetza*". Un estudio riguroso y con el único (y loable) objetivo de aportar evidencia después de varios años utilizando este modelo.

Vamos a empezar con las conclusiones y con algunos comentarios sobre el estudio:
- En las organizaciones con Q de calidad (reconocimiento de EFQM) se observa una mejora en comunicación y formación.
- También en los centros con buenos resultados en EFQM, existe una mejora en la accesibilidad de los líderes.
- La implantación de EFQM permite aportar misión, visión y valores al centro.
- Sin embargo, el impacto en la percepción del paciente es nulo.

Es curioso y llamativo el empleo de palabras clave para resumir los hallazgos de la investigación cualitativa con grupos de profesionales: optimismo institucional (grupo directivos), confluencia cultural (directivos y mandos), pragmatismo crítico (solo mandos), liderazgo realista (profesionales de base). La evolución del optimismo al pragmatismo dice mucho de las diferencias en la visión de la realidad.

La implantación de este tipo de modelos ayuda a difundir la cultura

---

[68] El informe se puede consultar en la web de Osteba: http://www.euskadi.eus/informacion/informes-de-evaluacion-de-osteba-del-ano-2016/web01-a3ikeost/es/

de calidad en el centro, generando un espacio de debate y reflexión. Sin embargo, se comentan ciertas debilidades como "existe la percepción de que la evaluación externa, en base a una memoria, no siempre acierta con las claves de la organización y que, además, el objetivo de los modelos de calidad es obtener una certificación externa". Además, se percibe en algún caso un rechazo por el término "calidad", como dice este profesional: "simplemente la palabra calidad y la gente es poco receptiva. Hablas de seguridad clínica y coño todo el mundo pone la oreja y entiende que es un compromiso ¿no?"

Respecto a la dualidad ISO vs EFQM, llama mucho la atención que los profesionales de base prefieran los modelos de calidad orientados a procesos concretos (Norma ISO) frente a modelos de Calidad Total (EFQM), principalmente por los resultados que se obtienen con cada uno. Las herramientas concretas de análisis se valoran positivamente, pero la evaluación externa se percibe como lejana (por el desconocimiento de la realidad de cada centro).

Finalmente, conviene hablar de liderazgo, ya que los profesionales ven como algo esencial que exista un liderazgo coherente con el modelo, muy orientado al paciente y al empoderamiento efectivo. Se critican abiertamente los modelos de liderazgo jerárquico propios de las organizaciones sanitarias clásicas frente a la importancia de los liderazgos informales de cada proceso o unidad.

Las conclusiones del estudio hablan de un impacto positivo en la percepción de las personas en relación a elementos gestionables, sin que se aprecien diferencias en los aspectos más homogéneos (para ampliar esta conclusión, os recomendamos este artículo). Además, la satisfacción de las personas es mayor en aquellas organizaciones más avanzadas (Q-oro) que en las organizaciones sin reconocimiento. Así que podríamos decir que el EFQM reordena las organizaciones y las adapta a un marco lógico, además de conseguir una mayor satisfacción de los profesionales en algunos casos. Pero, ¿soluciona problemas en los procesos? ¿mejora la calidad de la asistencia?

Robots vendo y para mí no tengo
(Publicado originalmente el 23/02/2016)

Se ha hablado mucho de la adopción de innovaciones terapéuticas y de la necesidad de evaluar los nuevos tratamientos. El objetivo es obvio: evitar pagar más por medicamentos que no aportan nada nuevo. Sin embargo, el debate es mucho menor cuando se habla de innovación tecnológica: ¿cómo se adopta la tecnología innovadora en nuestro país? ¿Se realiza un proceso serio de evaluación antes de tomar las decisiones o se hace por imitación?

Un artículo publicado[69] en JAMA Surgery ("*Effect of Regional Hospital Competition and Hospital Financial Status on the Use of Robotic-Assisted Surgery*") presenta un análisis de 221.637 pacientes que fueron sometidos a intervenciones quirúrgicas en las que es posible utilizar una cirugía robotizada (estilo Da Vinci, por ejemplo) y el procedimiento habitual. Las conclusiones del artículo apuntan a que la competencia entre hospitales inclina la balanza al uso de cirugía robotizada, es decir, "*si el hospital vecino lo tiene yo también tengo que tenerlo*".

Lógicamente, y teniendo en cuenta que se trata de un estudio realizado en Estados Unidos, con sanidad privada y una lucha salvaje por parte de los hospitales por hacerse con los pacientes, más de un lector se planteará que se trata de un caso no extrapolable a nuestro entorno. Pero no todo es lo que parece.

Vayamos por partes. Lo primero: la evaluación. ¿Realmente se hace evaluación de la tecnología sanitaria? La respuesta es sí, pero llegamos al dilema de siempre: la evaluación hay que usarla en la toma de decisiones. Y lamentablemente, aún quedan centros sani-

---

[69] Wright, J. D., Tergas, A. I., Hou, J. Y., Burke, W. M., Chen, L., Hu, J. C., ... & Hershman, D. L. (2016). Effect of regional hospital competition and hospital financial status on the use of robotic-assisted surgery. JAMA surgery, 151(7), 612-620.

tarios que compran sin evaluar, sin saber que necesitan, por impulsos o en base a un informe interno que nadie pone en duda. No se trata de desconfianza, se trata de utilizar la evidencia para aportar más seguridad a la decisión.

Y lo segundo: ¿existe la compra por envidia o por competencia en un entorno sanitario público? Pues sin duda, sí. Surge una tecnología innovadora y de repente cuando el hospital público A la pone en marcha, los hospitales vecinos empiezan a plantear la necesidad de adoptar esa tecnología. Se habla de equidad, de ofrecer al paciente la misma tecnología, pero nadie se plantea si el centro la necesita realmente, si la del hospital A está infrautilizada o si ha sido evaluada previamente. De hecho, aún hay gente que motiva la petición en que el centro de al lado la tiene, y no podemos ser menos.

Dejamos una posible tercera opción sin respuesta: ¿qué papel juega el marketing? ¿hay una presión por parte de la industria por acelerar la adopción de tecnologías innovadoras?

La zona de alcanfor
(Publicado originalmente el 11/12/2015)

Algo no va bien... El fondo y la forma no encajan, y eso que hay muchas personas interesadas en ello, pero nada de nada. Por un lado, la innovación, la tecnología, los cambios, las reformas, la web 2.0, las redes, los avances, la disrupción, el conocimiento, la inteligencia colectiva y mucho más. Por otro, la realidad, los grupos de presión, la distribución de poder, la inercia, las zonas de confort, la fuerza de los hechos, la excesiva politización de la gestión, los enchufes, el "sálvese quien pueda", la venta de humo, etc.

Nos tropezamos con iniciativas como Catalyst[70] (del NEJM), una plataforma de difusión de ideas, casos y experiencias sobre innovación, o incluso conocemos la experiencia de las webs de experiencias como el Observatorio de Innovación en Gestión de Catsalut[71] o de la Incubadora de Ideas del Hospital Clínico San Carlos de Madrid, y empezamos a entenderlo todo, o a no entender nada. Y es que, por mucho que los profesionales se muevan, innoven, propongan, aprendan, crezcan y opinen, mientras el conocimiento viva en mundo de jerarquía, la innovación se quedará sin aire.

Hay profesionales con ganas de cambiar, incluso hay directivos o políticos que saben perfectamente que hay que variar el rumbo de la gestión sanitaria, pero las resistencias del día a día pueden con todo... Vamos a citar algunas:
— Profesionales que se apuntan a eso de innovar con el único objetivo de ir a un congreso, publicar un artículo y fin de la innovación.
— Ideas "modernas" más centradas en lo innovador que en la evidencia (apps sin evaluación o que no sirven para nada).
— Gestores y políticos que no pasan del proyecto piloto por

---
[70] Accesible en este enlace: https://catalyst.nejm.org/
[71] Accesible en este enlace: http://oigs.gencat.cat/

miedo a que extender una idea que no proviene de los grupos habituales (y que seguramente no apoyarían).
- Estructuras gremiales empeñadas en perpetuarse en el poder sin escuchar a los profesionales.
- Pensar que el Estado del Bienestar empieza por el propio bienestar.
- Vestir todo de "innovación" porque es la moda, sabiendo que muchas veces es lo de siempre, pero con otro apellido.
- Directivos sin visión de futuro, centrados en apagar fuegos sin más. O peor aún, directivos que creen que el buen directivo es el que no sale en prensa.
- Medios de comunicación con una ética periodística poco ética.
- Promover el conocimiento egoísta: primero yo y los míos y después ya veremos. Precisamente en una época en la que compartir es el eje de cualquier mejora.

Hay experimentos que nos hacen tener ilusión, como si de repente un servicio de salud decide lanzar una Escuela de Radicales Sanitarios (al estilo NHS). El problema es que promover espacios de debate e innovación sin que los de arriba tiren, apoyen, permitan y, en su caso, aporten medios, no conduce a nada. Un plan estratégico que nadie se cree no sirve de mucho, hacer cursos de innovación por el mero hecho de tener un diploma no genera cambio, y tener una unidad de innovación sin un respaldo claro[72] solo sirve para borrar la ilusión de los más entusiastas.

¿Qué falta? Actitud entre los que mandan, y algo de ilusión entre los profesionales. Actitud en los directivos para cambiar la forma de pensar y adaptarse a los nuevos tiempos, sin miedo a lo desconocido, sin miedo a aprender, sin miedo a perder el protagonismo. Ilusión en los profesionales para que no siempre sean los mismos, para que el que intenta colaborar y mejorar no sea tachado de friki, o peor aún, de pelota.

---

[72] El ejemplo que describen en el blog la Comisión Gestora es paradigmático: http://lacomision-gestora.blogspot.com.es/2013/06/todo-es-mentira.html

Nadie dijo que fuera fácil. Quizás haya que transformar la zona de confort en una zona de alcanfor, y así repeler las polillas...

Las prisas y la innovación tecnológica
(Publicado originalmente el 16/07/2014)

La adopción rápida de tecnología médica puede tener sus riesgos, y más si se lleva acabo de forma no planificada y sin realizar un seguimiento exhaustivo en todos los centros en los que se utiliza. Quizás el hecho de que no existan políticas globales ni sistemas coordinados para su incorporación pueden promover algo de caos y una lucha (poco favorable para el paciente) de ser el primero. Ese medallismo...

La revista JAMA Surgery publicó un artículo[73] titulado "*Diffusion of Surgical Innovations, Patient Safety, and Minimally Invasive Radical Prostatectomy*" centrado en analizar las prostatectomías realizadas de forma habitual y las realizadas con un robot quirúrgico. El ejemplo más conocido es el Da Vinci.

El artículo comprobó que, en los años iniciales de uso, la probabilidad de sufrir un evento adverso era del doble con robot que mediante la técnica habitual. ¿Quiere decir esto que la innovación es mala? No, al contrario. Pero precisamente, la conclusión del estudio nos debe llevar a reflexionar sobre la necesidad de establecer un plan de formación, un cambio en los procesos y un sistema de vigilancia y seguimiento exhaustivo para evitar que el paciente esté expuesto a un riesgo mayor. Es decir, la innovación es siempre bienvenida, pero teniendo en cuenta que durante la curva de aprendizaje hay que vigilar mucho la actividad y sus riesgos.

Si miramos a nuestro alrededor, con nuevas técnicas por doquier, ¿alguien lleva el control de los centros sanitarios en los que se utilizan técnicas o procedimientos novedosos? ¿Alguien hace un seguimiento del éxito de la técnica? ¿Hay mayores riesgos? ¿Hay un

---

[73] Parsons, J. K., Messer, K., Palazzi, K., Stroup, S. P., & Chang, D. (2014). Diffusion of surgical innovations, patient safety, and minimally invasive radical prostatectomy. JAMA surgery, 149(8), 845-851.

plan de formación y una estrategia de implementación coordinada? Seguramente en algunos territorios si se realice así, pero todavía es habitual la técnica ABC: adopción basada en el caos. Una especie de sálvese quien pueda, y de tonto el último, como si estuviéramos en una carrera hacia la fama. Y todo por una aparición fugaz en prensa.

Ah, y la industria encantada, oiga...

Cinco estrellas
(Publicado originalmente el 03/08/2016)

¿Cuál es la mejor forma de informar al ciudadano acerca de la calidad de los centros sanitarios? La mayor parte de las iniciativas se centran en ofrecer datos en grandes tablas llenas de indicadores, que habitualmente son difíciles de entender. De hecho, entrar en webs como Hospital Compare[74] suele provocar un agotamiento por infoxicación: ¿qué indicador es mejor? ¿reingresos o mortalidad? ¿limpieza de suelos o buen trato?

Por ello, en Medicare han decidido dar un paso adelante y simplificar la información que se ofrece al ciudadano, otorgando a cada uno de los 3617 centros sanitarios de Estados Unidos una puntuación de 1 a 5 estrellas (aquí el listado completo). Como los hoteles, o como Trip Advisor. Para ello, han elegido 64 indicadores de todos los que publican periódicamente y han calculado las estrellas correspondientes en base a una fórmula elaborada por un grupo de expertos.

Como era de esperar, la iniciativa no ha gustado a todo el mundo ya que, por ejemplo, las asociaciones de hospitales la rechazan dado que simplifica demasiado la calidad de un centro sanitario y además compara hospitales de diverso tipo que atienden a pacientes muy diferentes. Pero la gran sorpresa ha sido cuando se han publicado los nombres y las estrellas de cada hospital, ya que los más conocidos no han obtenido precisamente cinco estrellas.

Por ejemplo, en Boston los centros Beth Israel Deaconess Center y Brigham and Women's Hospital obtienen tres estrellas. Curiosamente, hay más hospitales con 5 estrellas en Lincoln (Nebraska) o La Jolla (California) que en Nueva York o Boston. Además, pocos

---

[74] En esta web se pueden consultar datos e indicadores de calidad y seguridad respecto de hospitales estadounidenses que forman parte del programa Medicare.

de los hospitales con más estrellas figuran en los rankings de hospitales como el US News ya que la mayoría de "los elegidos" son hospitales poco conocidos.

¿Realmente los mejores hospitales son los mejores hospitales? ¿O la fama, la publicidad y la historia son capaces de todo? Ser el mejor es un concepto tan complejo, que todo dependerá de si buscamos el mejor hospital para formar a un estudiante, para operar una cadera o para un tratamiento psiquiátrico. Todo depende...

¿Tres son multitud? El escriba en la consulta
(Publicado originalmente el 29/11/2017)

La historia clínica electrónica ha creado un entorno complejo para el profesional sanitario, ya que la unión entre una adecuada atención al paciente y el exhaustivo registro de toda la información que se genera durante el encuentro presencial es muy difícil. Por eso, en Estados Unidos ha surgido la figura del escriba médico (*"medical scribe"*): un experto en terminología médica (no existe ninguna titulación oficial) que acompaña al médico y toma nota de todos los elementos esenciales del encuentro con el paciente, tanto en la consulta como en urgencias o en la planta de hospitalización. Dicha información la vuelca directamente en la historia clínica electrónica y posteriormente la valida el profesional.

En 2010 ya se creó el colegio oficial de escribas médicos en Estados Unidos, que ofrece cursos y certificados para trabajar en este campo. Lo habitual es que las empresas especializadas contraten estudiantes de ciencias de la salud, dado que son personas con conocimientos en la materia y sus registros son de alta calidad. Para entender el trabajo que realizan, os recomendamos leer este reportaje[75] que cuenta el día de un escriba en urgencias.

Respecto a la evidencia, hay varios artículos publicados que avalan su papel en el entorno sanitario. En esta revisión[76] del año 2015, concluyen que la función del escriba médico mejora la satisfacción del profesional, la productividad, así como la interacción entre el profesional y el paciente. En este reciente trabajo[77] se recogieron

---

75 Se puede leer en este enlace: https://www.statnews.com/2016/04/25/scribes-emergency-room/
76 Shultz, C. G., & Holmstrom, H. L. (2015). The use of medical scribes in health care settings: a systematic review and future directions. The Journal of the American Board of Family Medicine, 28(3), 371-381.
77 Gidwani, R., Nguyen, C., Kofoed, A., Carragee, C., Rydel, T., Nelligan, I., ... & Lin, S. (2017). Impact of Scribes on Physician Satisfaction, Patient Satisfaction, and Charting Efficiency: A Randomized Controlled Trial. The Annals of Family Medicine, 15(5), 427-433.

datos sobre el papel del escriba durante un año, para ello los médicos trabajaban una semana asistidos por un escriba, y la siguiente semana sin escriba, y así durante todo el periodo. Es muy llamativo que el hecho de trabajar con el escriba mejore notablemente la satisfacción del profesional, pero no tenga ningún efecto en la satisfacción del paciente.

La mayoría de los escribas trabajan para empresas especializadas que posteriormente son contratadas por hospitales o por centros de atención primaria. Algunas de las más conocidas son Scribe America, ScribeTribe o PhysAssist Scribes. La importancia que se ha dado al adecuado registro en Estados Unidos (también a través de incentivos financieros) ha provocado el auge de este tipo de empresas y también la creciente incorporación de escribas a muchos centros sanitarios, como cuentan en este artículo breve publicado en JAMA[78]. Por ahora se trata de un puesto de trabajo sin regulación, aunque se espera que en breve organismos como CMS o Joint Commission publiquen sus normas dado que el escriba tiene un papel muy importante en la información que se genera y se registra en la historia clínica electrónica.

Como es lógico, la incorporación de los escribas genera un mayor gasto sanitario y obliga a reestructurar los equipos sanitarios. Su principal beneficio es la agilidad en el registro de la información (el escriba está al lado del profesional), lo que permite que el profesional se centre exclusivamente en el paciente. No obstante, la consulta de dos pasa a ser de tres, con el posible impacto en la relación entre el profesional y el paciente. La figura del escriba permite reducir al mínimo la carga burocrática para los profesionales (cada vez mayor), lo que se asocia a la mejora de la satisfacción para el profesional.

La tecnología también quiere ayudar a esta función y Google ya ha

---

[78] Gellert, G. A., Ramirez, R., & Webster, S. L. (2015). The rise of the medical scribe industry: implications for the advancement of electronic health records. Jama, 313(13), 1315-1316.

lanzado algunas ideas para el uso de los sistemas de reconocimiento de voz en el ámbito asistencial, como muestra[79] el artículo "*Speech recognition for medical conversations*" sobre el uso de sistemas de reconocimiento automático de voz en ámbitos médicos, con tasas de error en la transcripción de un 20% aproximadamente (en conversaciones técnicas con un total de 14.000 horas de conversación). De hecho, en algunos servicios asistenciales ya se utiliza el reconocimiento de voz para la redacción de informes.

¿Es el camino a seguir para reducir la carga burocrática en los profesionales sanitarios? ¿Debemos confiar en la tecnología para realizar esta función? ¿Llegará a España esta figura profesional? ¿Será una nueva tarea para los técnicos de documentación y administración sanitarias? El fin de la burocracia tiene un precio... y un beneficio.

---

79 Chiu, C. C., Tripathi, A., Chou, K., Co, C., Jaitly, N., Jaunzeikare, D., ... & Tansuwan, J. (2017). Speech recognition for medical conversations. arXiv preprint arXiv:1711.07274.

5. Transparencia y política sanitaria

Después de la transparencia (está la playa)
(Publicado originalmente el 14/09/2017)

La transparencia ya se ha instalado, casi del todo, en las organizaciones públicas. Existen webs para transparencia, hay direcciones generales para este tema, leyes, etc. Y por supuesto, la sanidad pública es uno de los sectores más beneficiados: se publican datos, evaluaciones y mucha más información. Pero, ¿el ciudadano también se beneficia de la transparencia en el ámbito sanitario?

En un reciente análisis que publica[80] la web *The Commonwealth Fund* plantean algunos de los problemas que puede generar la transparencia al ciudadano. La primera reflexión es clave e invita a preguntarse qué harán los ciudadanos con la información que se publica en los espacios de transparencia. ¿Es realmente útil?

La información debe ser fácil de entender. Los indicadores clínicos complejos sobre calidad y seguridad del paciente pueden ser muy útiles para un profesional, pero puede que los pacientes se pierdan. Por ejemplo, la tasa de bacteriemia de catéter venoso central asociada a nutrición parenteral es un gran indicador, pero tal vez mucha gente no lo entienda o no sepa interpretar un resultado u otro.

Las webs de transparencia deben incorporar toda la información sobre el tema evitando que la información esté fragmentada en mil fuentes. Además, debe ser fácil de comparar y entender. Quizás Estados Unidos no sea un buen ejemplo ya que cuenta con los datos de Medicare, los rankings de Leapfrog, etc. Si la información está orientada a la toma de decisiones por parte del paciente, debe existir previamente la capacidad de decidir o elegir. Tener información para seguir igual porque uno no puede actuar es frustrante.

---

[80] Dicho análisis se puede consultar en este enlace: http://www.commonwealthfund.org/publications/blog/2017/aug/transparency-and-technology

El diseño y el uso de la información en el momento adecuado son esenciales. Por ejemplo, las letras de calificación de la higiene de los restaurantes están en la puerta de cada establecimiento, además de en apps, webs y también como descarga de datos abiertos. Hay una premisa esencial: es fundamental reelaborar la información y hacerla más visual, más centrada en la comparación y con explicaciones sencillas que permitan diferenciar un indicador de otro.

En resumen, la transparencia no es publicar los datos en una web con un formato reutilizable o dejar caer datos muy técnicos sobre actividad hospitalaria. Hay mucho más por hacer...

Si lo haces mal, mejor no lo hagas... El caso del St Mary's Medical Center
(Publicado originalmente el 19/08/2015)

La vida real nos trae grandes ejemplos de cómo la transparencia en el sector sanitario tiene una gran utilidad, y más cuando las propias organizaciones o incluso las autoridades sanitarias son incapaces de hacer lo que deben. La historia de hoy ocurrió en Florida...

El 1 de junio de 2015 la CNN publica un reportaje[81] titulado: "*Secret deaths: CNN finds high surgical death rate for children at a Florida hospital*". El St Mary's Medical Center inició su programa de cirugía cardiaca congénita pediátrica en diciembre de 2011, y ya en 2013 su tasa de mortalidad ajustada era el triple de la tasa media de Estados Unidos. Inicialmente los datos de mortalidad eran secretos (no se publicaban), pero se hizo una solicitud a la agencia sanitaria de Florida. Los datos que se entregaron indicaban que la tasa de mortalidad del centro era del 12'5% frente a la media estatal del 3'3% (según la sociedad científica correspondiente).

A los pocos días, la CNN vuelve a la carga dado que un niño que había sido operado en el mismo centro, fallece tras una operación del mismo tipo. Además, ante la información facilitada por el propio centro y por la agencia sanitaria de Florida sobre los datos publicados, la CNN publica un texto muy acertado[82] explicando y destripando el concepto de "tasa ajustada" y argumentando que los datos del centro y de la administración no eran correctos.

Finalmente, el St Mary's Medical Center ha anunciado el cierre del programa quirúrgico en cuestión. Lógicamente, esta noticia ha causado mucho revuelo en el sector sanitario en USA y muchas

---

[81] El reportaje aparece en este enlace: http://edition.cnn.com/2015/06/01/health/st-marys-medical-center/index.html
[82] Se puede consultar en este enlace: http://edition.cnn.com/2015/06/09/health/childrens-heart-surgery-mortality-rates-qa/index.html

interpretaciones del origen de dicha tasa tan elevada y del silencio de la administración que en teoría debía haber actuado antes. Algún experto ha manifestado que el volumen de intervenciones anuales que realizaba el centro era demasiado bajo para garantizar un nivel mínimo de calidad (23 intervenciones en 2013 frente a 100).

Toda esta historia pone el acento sobre la importancia de la publicación de los datos asistenciales de todos los centros sanitarios. La transparencia permite que cualquier persona interesada, incluso los medios de comunicación, puedan cuestionar la actividad de un centro y además tomar decisiones adecuadas. En España, seguimos con miedo a publicar datos de este tipo, y nos conformamos con rankings del tipo TOP20 o con publicaciones poco rigurosas del tipo Monitor de Reputación Sanitaria. ¿Habría sorpresas si se publicaran todos los datos? ¿Y si algún hospital se ve obligado a cerrar una unidad hiperespecializada concreta? En Inglaterra incluso se publican las tasas de mortalidad de cada cirujano en muchas especialidades y tipos de cirugía.

Tal vez sea el momento de volver a plantear varios elementos: la necesidad de publicar de forma periódica los datos recientes de actividad y calidad de todos los centros sanitarios (públicos y privados), evitar que unidades que no son de referencia CSUR actúen como si lo fueran (con el consiguiente riesgo), publicar en una web de libre acceso los informes y auditorías completos de los centros sanitarios (tanto las docentes como las que realice la Inspección). Ya hay algunos intentos muy loables, pero falta mucho más...

Los líderes, la transparencia y la mejora de la calidad

(Publicado originalmente el 13/01/2015)

En 1987 aún no estaba de moda la transparencia en el sector sanitario, o al menos no se hablaba mucho de ella. Y mucho menos del big data, en una época en la que costaba sudor y lágrimas encontrar datos fiables sobre el sistema sanitario. Sin embargo, a finales de ese año, la Health Care Financing Administration decidió publicar 7 volúmenes con datos de 6000 centros hospitalarios incluidos en Medicare, que incluían 10 millones de ingresos hospitalarios y 735.000 fallecimientos en dichos centros, todos correspondientes al año 1986.

El origen de esta publicación se debió a que numerosos ciudadanos y asociaciones habían solicitado masivamente dichos datos para poder conocer la calidad de su centro hospitalario. El gobierno fue publicando cada año más datos y el salto lo dio precisamente en 1987, con un ejemplo de libro de open data. Pero, ¿qué ocurrió entonces en el sistema sanitario? ¿Cómo reaccionaron los directivos y los jefes?

En 1990, Donald Berwick, conocido por presidir el Institute for Healthcare Improvement y por ser el administrador (durante un año, entre 2010 y 2011) de Medicare y Medicaid, publicó un artículo[83] en JAMA con el título "*Hospital leaders' opinions of the HCFA mortality data*" junto a DL Wald. El artículo se basaba en una encuesta que realizaron a 195 directivos y líderes hospitalarios preguntando por su reacción ante la publicación de los datos de mortalidad de 1987.

Los resultados fueron muy claros:

---

[83] Berwick, D. M., & Wald, D. L. (1990). Hospital leaders' opinions of the HCFA mortality data. JAMA, 263(2), 247-249.

- El 70% señaló que los datos no eran útiles para el centro.
- El 54% indicó que los datos no eran fiables.
- El 85% respondió que los datos no eran útiles para los consumidores.
- Sólo el 31% utilizó los datos en su centro como herramienta de mejora.
- Un 20% indicó que dicha publicación de datos había provocado problemas en el hospital.

24 años después de aquella publicación, un grupo de investigadores coordinado por Peter Lindenauer (del Center for Quality of Care Research) hicieron una encuesta muy similar[84] pero basada en la información que Medicare y Medicaid publican en su web Hospital Compare: "*Attitudes of hospital leaders toward publicly reported measures of health care quality*". El paso de los tiempos no perdona, y la evolución del mundo de la gestión, junto a la creciente importancia de la transparencia en el sistema sanitario, ha cambiado de forma drástica los resultados del experimento de Berwick.

La preocupación continúa, pero esta vez por la posible mala interpretación que se haga de la información o por la relevancia de los datos. Ya apenas existen dudas sobre la fiabilidad de los datos. Y esta vez sí, los líderes y directivos utilizan la información en su centro hospitalario:
- Un 87'1% utiliza la información de la web en sus informes públicos.
- Más de un 90% revisa los datos junto a los jefes y mandos asistenciales y junto al resto de directivos.
- Hubo algún comentario negativo asociado a que el hecho de elegir unos determinados indicadores para publicar en la web puede implicar que otras acciones de mejora de la calidad queden relegadas a un segundo plano.

---

[84] Lindenauer, P. K., Lagu, T., Ross, J. S., Pekow, P. S., Shatz, A., Hannon, N., ... & Benjamin, E. M. (2014). Attitudes of hospital leaders toward publicly reported measures of health care quality. JAMA internal medicine, 174(12), 1904-1911.

Además, la percepción de como la organización reacciona antes estos datos es muy interesante, ya que más del 70% de los encuestados indicó que la publicación de estos datos estimula la mejora constante en el hospital. En resumen, una información útil para la mejora de la calidad y una medida que en 20 años se ha asentado en la realidad sanitaria en Estados Unidos.

Sin embargo, como era de esperar y por si alguien se lo preguntaba, la evidencia respecto a la relación entre publicación de datos y la mejora de la calidad es... insuficiente para sacar conclusiones claras. Para mejorar la calidad no es suficiente con la actitud de los líderes, ya que es necesario que se traslade esa información y esa voluntad de cambio a todos los profesionales. Y quizás en esa segunda parte, haya alguna que otra grieta.

Ya tenemos los datos: ¿y ahora qué hacemos?
(Publicado originalmente el 07/04/2014)

Quien nos lo iba a decir... Prueba superada: ya pueden consultarse los datos e indicadores de calidad y asistencia sanitaria de los centros públicos en Madrid. Para ello, se ha creado una web llamada *Observatorio de Resultados del Servicio Madrileño de Salud* en la que aparecen datos relativos al estado de salud de la población (mortalidad, morbilidad y factores de riesgo), datos de los centros de atención primaria y finalmente datos de los hospitales. ¿Son los primeros? Pues no, la Generalitat de Cataluña lleva unos años publicando sus datos a través de la Central de Resultados del Observatorio del Sistema de Salud de Cataluña. En este caso, es posible acceder a los datos para su explotación o consultar los informes anuales (con comentarios y aclaraciones).

¿Y ahora qué? Inicialmente, mucha gente hará comparaciones sencillas de su hospital con el hospital más cercano o con el mejor/peor en algún indicador. De hecho, es habitual que esas comparaciones protagonicen algún titular en los medios. Un ejemplo sencillo con datos incluidos en el año 2014: el Hospital de Getafe tiene un porcentaje de cesáreas de 21,60%, que podría compararse con hospitales de su nivel como el Príncipe de Asturias (23,40%) o Fuenlabrada (18,60%). Ampliando el campo de comparación y con una perspectiva clara de mejora, los profesionales implicados en las cesáreas podrían contrastar datos (incluyendo Cataluña) y centrarse en los mejores centros: Rey Juan Carlos (14,8%) y Torrejón (16,10%) en Madrid, Terrassa (12,8%) y Santa Caterina (13,5%) en Cataluña. De esta forma, preguntando, investigando y leyendo sería posible comparar los procesos asistenciales y mejorar aquellos aspectos que nos pueden llevar a reducir (y controlar) la tasa de cesáreas.

Respecto al indicador elegido, es muy importante conocer si se trata de una tasa cruda de cesáreas (cesares sobre total de partos) o una tasa ajustada de cesáreas sólo para partos de bajo riesgo. ¿Por qué? Los partos de alto riesgo suelen ir asociados a una cesárea en un porcentaje mayor, y por ello los hospitales grandes suelen tener una tasa mayor que los pequeños al atender procesos más complejos. El hecho de calcular la tasa de los partos de baja complejidad permite obtener indicadores comparables para todo tipo de hospital.

Una vez que los profesionales y los medios se acostumbran a la publicación de estos datos, el resto de servicios de salud acaban perdiendo el miedo a publicar estos datos y estar expuestos a la opinión pública. Y por fin podríamos tener una web que ofrezca todos los indicadores de calidad, seguridad, efectividad, etc. de los centros sanitarios. Por supuesto, cuando todos los centros sanitarios publican sus datos y estos son comparables, en formato reutilizable y fiables, es posible dar un paso más y elaborar de forma sencilla estudios y evaluaciones.

Tener la información de los mejores hospitales en relación a un indicador concreto permite dar paso a los amantes de la cualitativa y buscar las razones para que esos centros sean los mejores. Un buen ejemplo es el artículo[85] *"What Distinguishes Top-Performing Hospitals in Acute Myocardial Infarction Mortality Rates?: A Qualitative Study"* que identifican los elementos diferenciales que distinguen a los mejores hospitales en las tasas de mortalidad por infarto agudo de miocardio. Como curiosidad, por si alguien se lo pregunta, según las conclusiones: *"Los hospitales con mejores resultados se caracterizaron por una cultura organizacional que apoyó los esfuerzos para mejorar la atención de IAM en todo el hospital"*.

Hasta aquí todo bien, pero ¿y los pacientes? ¿Sirven estos datos para mejorar el conocimiento por parte de los ciudadanos del fun-

---

85 Curry, L. A., Spatz, E., Cherlin, E., Thompson, J. W., Berg, D., Ting, H. H., ... & Bradley, E. H. (2011). What distinguishes top-performing hospitals in acute myocardial infarction mortality rates? A qualitative study. Annals of internal medicine, 154(6), 384-390.

cionamiento del sistema sanitario? ¿Ayudan a elegir adecuadamente un centro u otro? Pues sí y no, por lo que vamos a dar algunas pinceladas de este tema:

— Para que el paciente elija un centro u otro, es necesario que sepa que es posible elegir centro sanitario. Para ello, las organizaciones deben difundir adecuadamente el derecho a la elección de centro (si existe) y además conseguir que dicha elección sea algo normal y habitual en la relación del ciudadano con el sistema sanitario.

— ¿El paciente suele entender ese tipo de indicadores? ¿Sabe un ciudadano medio que es una tasa de reingreso? ¿Podría interpretar si un porcentaje alto de ingresos urgentes es algo positivo o negativo? Rotundamente no, y eso debemos tenerlo muy en cuenta a la hora de ofrecer información al ciudadano.

— Aunque sinceramente, ¿qué criterios usa el paciente para elegir un centro u otro? Lo habitual es elegir el centro más cercano, o en el que hayan atendido a algún familiar o amigo o el que le hayan recomendado (un vecino, un familiar, un amigo). Entre los datos fríos y la recomendación de alguien cercano, la prioridad está muy clara para el paciente.

— El paciente prefiere información emocional (comentarios sobre la asistencia recibida al estilo *Care Opinion*[86], vídeos o comentarios en las webs de los centros) a los datos ofrecidos en webs de información con mucho número y poco elemento visual.

— Es importante que el profesional de confianza (médico de familia, enfermera de atención primaria) sea capaz de ayudar al paciente a la hora de tomar decisiones para elegir un centro u otro.

— De hecho, es fundamental reelaborar la información y hacerla más visual, más centrada en la comparación y con explicaciones sencillas que permitan diferenciar un indicador de otro.

En resumen, para que el paciente compare centros sanitarios y elija el mejor, hace falta mucho más que publicar la información en la

---

[86] Web elaborada en Reino Unido que permite a pacientes y familiares compartir y difundir sus experiencias con el sistema sanitario. Está accesible en este enlace: https://www.careopinion.org.uk/

web. Sin embargo, es un paso crucial para fomentar la mejora continua por parte de los profesionales y una sana "competencia" que ayude a desarrollar estrategias de benchmarking adoptando procesos de los mejores centros.

La opinión pública y la política sanitaria
(Publicado originalmente el 27/01/2017)

Una de las conclusiones del año 2016 es que las transformaciones en los servicios sanitarios no tienen buena aceptación entre los medios de comunicación y los ciudadanos. Ejemplos como la fusión de hospitales en Granada o el recuerdo de la marea blanca madrileña son una muestra del clima de desconfianza creciente por parte de la población y los profesionales ante algunas decisiones de política sanitaria.

La evidencia ya no es lo que era… Desde hace años, la teoría sobre organizaciones sanitarias promueve estrategias basadas en la concentración (unir servicios de alta especialización para así conseguir mayor volumen y mayor eficiencia en su actividad) y en la transformación de centros y servicios (desde hospitales de agudos a hospitales más centrados en patologías crónicas o en media estancia). Sin embargo, estas propuestas teóricas llevan años chocando con la opinión pública que no comparte la decisión de eliminar unidades especializadas con el "pretexto" basado en la evidencia de crear una unidad mayor en un hospital más alejado.

Un ejemplo para tener en cuenta procede de Gales, el llamado *South Wales Programme*. En 2013 se planteó la necesidad de reorganizar cuatro hospitales del sur de Gales para centralizar en algunos de ellos los servicios de maternidad, pediatría y urgencias. Para evitar que la teoría y la evidencia fuera el único determinante, o que las presiones políticas se basaran en el capricho de algún líder local y no en la opinión de los vecinos, se realizó una estrategia de difusión y comunicación centrada en ofrecer toda la información, celebrar reuniones en todos los núcleos de población afectados y permitir que cualquier ciudadano o grupo pudiera presentar alegaciones. Para ello, se canalizó toda la estrategia en una web[87].

---

[87] La web está accesible en este enlace: http://www.wales.nhs.uk/SWP/home

Teniendo en cuenta todos los factores, desde los datos financieros o sanitarios, hasta la opinión de todos los afectados, se emitió un informe con recomendaciones (de libre acceso también). La mayoría de los hospitales de Gales aceptaron la propuesta salvo el hospital más "perjudicado".

Sin embargo, el hecho de contar con el apoyo de las entidades representativas, los sindicatos, las sociedades científicas o los colegios no garantiza que la medida sea bien acogida. Vivimos en un entorno líquido en el que cualquier decisión es evaluada constantemente, y pese a los apoyos comentados o a la evidencia, es posible que exista un rechazo popular que acabe obligando a que se cambie la estrategia de forma radical. La influencia de las redes sociales en la toma de decisiones a nivel político implica un enfrentamiento entre dos conceptos muy potentes y contradictorios: el debate público real ante un problema concreto y el "efecto gallinero" de las redes, que permite que un grupo de voces pueda influir en el resto y dominar el debate. Lo que si queda claro es que la escucha de todas las voces y posiciones ante una decisión o cambio enriquece la decisión final.

Pero no siempre las decisiones políticas son puras, ya que en ocasiones no hay evidencia que las avale, como cuando tienen su origen en el capricho o en un interés electoralista. ¿Debería la evidencia en política tener en cuenta la opinión social? ¿Incluso si la opinión de los ciudadanos es contraria a la evidencia? En resumen, y volviendo al concepto de evidencia en política sanitaria: quizás haya que tener siempre en cuenta que la evidencia debe interpretarse teniendo en cuenta factores externos como el contexto político y social. Y eso tal vez lo estemos olvidando...

Lo del impuesto de las bebidas azucaradas en 10 puntos
(Publicado originalmente el 09/12/2016)

¿Es posible mejorar la salud a base de impuestos? El Gobierno de España, siguiendo las directrices de la OMS, se ha puesto las pilas y está preparando una reforma fiscal que incluirá un impuesto para las bebidas azucaradas como ya hacen en otros países. ¿Funcionan este tipo de impuestos? ¿Qué puede ocurrir?

Tras leer atentamente las noticias, artículos y algunas revisiones, puede ser interesante y didáctico resumir este tema en un decálogo (que siempre queda bien). Vamos allá:

1. Los impuestos sobre bebidas azucaradas deben ser una herramienta de una política macro de cambio de hábitos, junto a medidas en colegios, subsidios para compra de fruta y verdura, campañas informativas (poco efectivas pero necesarias), estrategias publicitarias y de nudging, etc. Esto nunca podemos olvidarlo: el impuesto sin más no consigue mucho, y además suele verse como una medida recaudatoria sin más (con una oposición social muy elevada).

2. Por supuesto, hay evidencia contra este tipo de impuestos que señala que el efecto real sobre la obesidad es muy bajo (aunque en algunos estudios, si bien no hubo pérdida de peso tras una reducción del consumo de estas bebidas, si hubo mejoras en otros parámetros como el colesterol, mejora en presión arterial o en los triglicéridos). Cada país es diferente y el efecto de la medida impositiva, como hemos comentado al principio, depende de que se acompañe de otras medidas educativas, de marketing y de subsidio a otros artículos. Evaluar el impuesto sin tener en cuenta el resto de medidas de estas políticas, es un sesgo a evitar. Y, por cierto, la realidad muchas veces supera la evidencia y puede que, como ocu-

rrió en Dinamarca con el impuesto a las grasas, la medida no funcione (allí decidieron dar marcha atrás).

3. Mucho ojo con los productos sustitutivos. Una vez se incremente el precio de las bebidas azucaradas y si dejamos de consumirlas, ¿qué compraremos? ¿hay alternativas saludables? Una de las esperanzas es que la propia industria fabricante de estas bebidas desarrolle bebidas más saludables y a un precio inferior (ya lo estamos viendo: Zero será líder de ventas). Es esencial hacer un seguimiento de esa sustitución de productos para evitar que el impuesto fracase. Quizás también haya que volver a recordar que el agua es la alternativa más sana y más barata...

4. Este tipo de medidas suele afectar en mayor medida a los sectores de renta más baja, ya que son los que (en teoría) más van a sustituir estas bebidas una vez suba su precio y los que más las consumen. Deben existir alternativas saludables a precios asequibles (quizás sea una buena idea utilizar la recaudación del impuesto para mejorar algunos precios). Para saber algo más de este punto, os recomendamos leer este artículo[88] de Javier Padilla.

5. En el diseño del impuesto hay que ir con cuidado ya que puede suceder que ese coste añadido lo asuma el fabricante o vendedor y no se refleje en el precio final. Hay mucho dinero en juego... Además, la industria sabe jugar muy bien sus cartas: promociones, descuentos, precio menor si compras grandes cantidades (comparar el precio de una lata y una botella de 2 litros es un ejemplo sencillo), etc.

6. Un argumento a tener muy en cuenta es el que critica el comportamiento paternalista del Estado: si la gente sabe que las bebidas azucaradas son malas para la salud, ¿quién es el Estado para "*manipular al ciudadano*"? No debemos olvidar, como dicen en este

---

[88] Se puede consultar en este enlace: http://www.eldiario.es/tribunaabierta/Pueden-impuestos-volvernos-bebidas-azucaradas_6_586251396.html

artículo[89] publicado en la Revista Española de Salud Pública, que "*ni es fácil adelgazar ni puede culparse al obeso de su condición, dados los determinantes sociales, genéticos y de entorno de su estilo de vida*".

7. Algunos países han puesto en marcha este tipo de medidas y han funcionado razonablemente bien.

8. Algunos artículos dudan de la efectividad de este tipo de medidas. Además del argumento antipaternalista, se pone sobre la mesa la posibilidad de que surjan mercados alternativos, pero no creemos que las bebidas azucaradas acaben siendo un producto de contrabando, como ocurre con alcohol y tabaco. Otro elemento para no olvidar es la diferente elasticidad entre tabaco y las bebidas azucaradas: si sube el precio del tabaco, hay muchas personas que prefieren reducir el consumo de otros productos y seguir fumando; pero la evidencia muestra que esto no pasa con las bebidas azucaradas.

9. Hay voces que piden ser más estrictos con los fabricantes y directamente limitar o reducir el porcentaje de azúcar añadido en los productos procesados.

10. Y acabamos con los intereses económicos, los lobbies del azúcar y las grandes empresas que venden estos productos. No se puede permitir que los fabricantes de estas bebidas participen en congresos sanitarios o financien actividades de sociedades científicas o asociaciones de pacientes. ¿Lavado de cara? ¿Campañas de marketing asociando su imagen a la de profesionales sanitarios? Quizás por eso esta industria es una experta en campañas de responsabilidad social corporativa, y se rodea de famosos o colabora en campañas ecologistas, sociales o solidarias. Akerloff y Shiller son muy directos: el marketing sabe aprovecharse de nuestra estupidez.

---

89 Ortún, V., López-Valcárcel, B. G., & Pinilla, J. (2016). El impuesto sobre bebidas azucaradas en España. Revista Española de Salud Pública, 90.

En resumen, políticas globales y a largo plazo, con medidas que inviten a consumir productos alternativos más saludables y más baratos, unir ciencia y activismo y crear un entorno social que avale este cambio de hábitos alimenticios, y por supuesto, evaluar si la medida funciona o no.

6. Aprendizaje y gestión del conocimiento

Cuando el conocimiento acaba en la estanteria #cambiacongreso

(Publicado originalmente el 06/06/2017)

Hoy vamos a hablar de congresos. ¿Otra vez? Pues sí... Hace años colaboramos con la iniciativa #cambiacongreso y es el momento de revisar si la innovación va llegando al terreno de la organización de congresos científicos.

Hay dos retos que suelen quedarse atascados en el mundo congresual. Si el objetivo final es el intercambio de conocimiento, algo pasa cuando es casi imposible recuperar los trocitos de conocimiento que se han difundido o compartido en un congreso. Nos referimos a las mesas y simposium, y a las comunicaciones orales y en formato póster. ¿Qué ocurre con todo ese conocimiento? ¿Es fácil encontrar las comunicaciones presentadas en diversos congresos sobre seguridad del paciente en quirófano?

Ya existen muchos congresos que cuelgan los vídeos de las mesas y los talleres en su canal de Youtube, pero no existe una catalogación de todos los contenidos. Cada sociedad tiene los suyos (con suerte) y poco más. En Twitter se comentó en alguna ocasión que una buena opción sería crear "*un Netflix de jornadas y congresos*", una web que recopile e indexe todos los contenidos audiovisuales de congresos y demás encuentros formativos (de hecho, ya existe alguna iniciativa de este tipo, de pago)). Pero la primera piedra la deben poner las sociedades científicas publicando en abierto los contenidos de cada congreso (vídeos y presentaciones).

Respecto a las comunicaciones ocurre algo parecido. Para muchos, se trata del principal foco de conocimiento de los congresos, pero desgraciadamente, lo habitual es que ese conocimiento acabe en un documento pdf de más de 500 páginas que cuesta encontrar en ocasiones en la web de los congresos. Hace años lo habitual era hacer un libro en papel, con el auge de la digitalización se pasó a un documento pdf y ... ahí se paró todo. Al menos en España no se cobra, porque en otros países el acceso a videos y ponencias implica pasar por caja. Pero en pleno año 2017, que todo ese conocimiento acabe en un libro gordo es una pérdida de tiempo ya que es casi imposible buscar comunicaciones de forma sencilla y potente. ¿Y si quiero buscar comunicaciones sobre un tema concreto en los últimos cinco congresos de la sociedad X? Pues paciencia... y suerte.

Hay excepciones que aportan esperanza como la web de comunicaciones del congreso de SEMFYC que permite consultar las comunicaciones de los últimos congresos en formato texto. Aparecen agrupadas por congreso y por temática (cardio, endocrino, urgencias, etc). En el caso del congreso de la SEMI ocurre algo parecido, las comunicaciones se publican en la web de Revista Clínica Española y se presentan por temas y con un buscador. No es el paraíso, pero si un avance espectacular.

Para acabar, una propuesta de futuro: elaborar una estructura única de comunicación oral/poster para los congresos sanitarios de cara su posterior publicación e indexación, uso de palabras clave para indexar, publicación en un apartado de la web de la sociedad organizadora del congreso con acceso libre y gratuito y buscador interno. Las comunicaciones se publicarían en formato texto y pdf, incluiría la de los últimos congresos (o todos los que se pueda) y se debería permitir su incorporación a bases de datos globales de comunicaciones a congresos. No obstante, se admiten ideas para este repositorio libre de comunicaciones (ReLiC). ¿Quién se anima?

Aprendiendo en los pasillos

(Publicado originalmente el 01/06/2017)

En el año 2000, la revista British Medical Journal publicaba un artículo[90] titulado "*Developing learning organisations in the new NHS*" en el que destacaba la necesidad de transformar las anquilosadas organizaciones sanitarias en algo más ágil. Para entender el concepto "*learning organisation*", los autores presentan tres niveles de aprendizaje organizacional con un ejemplo hospitalario:

- Aprendizaje de bucle único. Se reacciona ante un problema con la información actual. En el artículo plantean una serie de problemas en la atención a pacientes obstétricos que se solucionan de la siguiente forma: un audit de historias, se comparan los procesos actuales con los estándares y las guías, y se corrige la forma de trabajar. Nadie se plantea nada más: se busca el error y se corrige.

- Aprendizaje de doble bucle. Siguiendo el mismo ejemplo, en este caso para buscar el origen del error se entrevista a un grupo de pacientes de la unidad que nos hablan de problemas de acceso, de continuidad de cuidados, de calidad de la información y de la relación interpersonal entre el profesional y el paciente. Y con los resultados, se reconfigura totalmente la atención obstétrica. El doble bucle se refiere a que el aprendizaje afecta también a los modelos mentales y convicciones, y no solo a las acciones y los resultados. Podríamos decir que se rompen las líneas rojas, las costumbres y las formas clásicas de actuar.

- Meta-aprendizaje. En este caso, la forma de actuar descrita en el caso anterior, las mejoras que se han puesto en marcha, los mecanismos de cocreación con los pacientes y los resultados obtenidos son difundidos en la organización para que sirvan de guía para futuros cambios y estrategias de mejora en otras unidades.

---

90 Davie, H. T., & Nutley, S. M. (2000). Developing learning organisations in the new NHS. Bmj, 320(7240), 998-1001.

Las características clave de este tipo de organizaciones las describió Senge[91] en 1990:

1. Pensamiento conectado. Nadie en una organización es independiente del resto, es esencial tener claro la interdependencia constante dentro del entorno sanitario. Todos los procesos y personas están conectados.

2. Aprendizaje individual y del equipo. Mejorar las competencias y habilidades como persona y como equipo, uno sin el otro no tiene sentido.

3. Actualizar los modelos mentales. Nada es permanente, las formas de trabajar, las costumbres, las fronteras asistenciales y el "esto se ha hecho así siempre" no tienen sentido en una organización que aprende.

4. Visión compartida. Muy en la línea de la primera característica: valores compartidos, ideas claras, una estrategia clara para toda la organización.

En resumen, las organizaciones que aprenden se reconocen por ser aquellas organizaciones que buscan la excelencia, que nunca piensan eso de "si funciona, no lo toques", que creen en el conocimiento tácito (el de los profesionales, ese que se genera en la trinchera y en el pasillo) y que tienen claro que las puertas tienen que estar abiertas para que el conocimiento fluya y así se facilite el aprendizaje colectivo.

Nancy Dixon[92] propone la existencia de 3 espacios de aprendizaje en las organizaciones y el conocimiento que se genera en cada uno de ellos. Así, Dixon diferencia los espacios privados y personales de actuación (despachos), los espacios colectivos (el almacén o el archivo del conocimiento explícito, con las guías, procedimientos, etc.) y finalmente los espacios accesibles, sin barreras ni jerarquías,

---

91 Senge PM: The fifth discipline: the art and practice of the learning organization. 1990, New York: Random House
92 Dixon, N. M. (1999). The organizational learning cycle: How we can learn collectively. Gower Publishing, Ltd..

donde se intercambia conocimiento de forma informal (los pasillos).

¿Crees que tu organización está centrada en el aprendizaje? ¿Se revisan los problemas con el método del doble bucle? ¿Todo es revisable o hay algunas líneas rojas que nadie puede cruzar? Un buen resumen de este tipo de organizaciones es la conocida iniciativa #MLPela[93], ya que el inconformismo es seguramente la clave del cambio para llegar a un nuevo modelo. Cuando el conocimiento se mezcla y se genera en cualquier lugar de la organización, aparece la magia...

---

[93] Más información sobre la iniciativa en la web Enfermería Basada en la Evidencia: https://ebevidencia.com/mlpela

Liderazgo y formación

(Publicado originalmente el 29/09/2016)

Que una revista tan prestigiosa como Harvard Business Review dedique un artículo (*"Why Leadership Training Fails - and What to Do About It"*) a hablar del fracaso que supone la formación en liderazgo en las empresas, dice mucho de este problema. De hecho, el párrafo inicial es muy directo (y duro): *"Las grandes organizaciones son víctimas del gran robo de la formación. Las compañías estadounidenses gastan enormes cantidades de dinero en formación y educación de los empleados, (...) pero no obtienen un buen rendimiento de su inversión. En su mayor parte, el aprendizaje no conduce a un mejor desempeño organizacional, porque las personas vuelven pronto a sus viejas formas de hacer las cosas."*

La clave, según los autores, es que lo que se aprende es muy difícil de implantar en las organizaciones, salvo que la formación vaya acompañada de un cambio cultural. Los conflictos, las luchas de poder, los estilos de dirección y la inercia no son precisamente los mejores amigos de los cambios en temas como trabajo en equipo o colaboración. La trayectoria habitual suele ser esta:

- Un profesional se inscribe a un programa formativo interno de liderazgo y trabajo en equipo.
- Asiste a las sesiones junto a 14 compañeros entusiastas del tema. Por cierto, ningún directivo asiste al curso.
- El entusiasmo se contagia de unos a otros, y el programa acaba con el compromiso de implantar pequeñas mejoras en cuestiones organizativas y de liderazgo en la organización.
- Y al día siguiente, la realidad reparte bofetadas con olor a naftalina. La tradición, las malas caras, los comentarios de "ya viene el listo" o las envidias, acaban por dinamitar la explosión de ilusión.

Y vuelta a empezar... La formación es muy positiva y suele ser útil, pero si no se acompaña de algo más, la frustración que genera acaba convirtiendo esta actividad en un foco de ineficiencia para la organización.

El fin de los congresos aburridos: ¿probamos con una desconferencia?

(Publicado originalmente el 10/02/2015)

Igual que siempre se recuerda el primer beso, o eso dicen, también se recuerda la primera desconferencia. Quizás no sea tan romántico ni emotivo, pero sin duda marca. Nuestra primera vez fue en enero de 2010, en un evento Barcamp que se celebraba en Valencia hablando de gripe A y web 2.0. Barcamp era una red de desconferencias que surgió en California en el año 2005 y que se extendió en muchas ciudades, centrada principalmente en temas de redes sociales, web 2.0, programación, etc. El secreto de este tipo de eventos era que cualquier persona podía exponer un tema y generar un debate multidisciplinar.

Sin embargo, las desconferencias no triunfaron del todo, y mucho menos en el entorno sanitario que nos rodea. De hecho, el mundo de la difusión de conocimiento en el ámbito de la salud seguía igual. Se hablaba de las desconferencias, se exigían nuevos modelos, pero no se daban pasos en ninguna dirección. Para recoger la opinión de todos los profesionales interesados en el tema, el proyecto Wikisanidad organizó un encuentro en twitter en abril de 2014 bajo el hashtag #cambiacongreso para establecer las bases de un nuevo modelo de congresos sanitarios. Muchas opiniones pedían más participación, promover la inteligencia colectiva y conseguir un modelo más multidisciplinar. En este punto la pregunta está clara: ¿y si todos los congresos incluyeran alguna desconferencia?

Pero claro, si la propuesta viene de los frikis de siempre, parece que no tiene sentido. Sin embargo, cuando una revista como PLOS decide publicar un editorial sobre la organización de desconferencias, la cosa cambia. Como dicen, la necesidad de los nuevos formatos se ve claramente cuando[94] "*las discusiones más estimulantes generalmente tienen lugar durante las pausas de café cuando los asistentes pueden interactuar entre sí y discutir diversos temas, entre ellos sus propios intereses de investigación, de una manera más informal, mientras que amplían sus propias redes profesionales*".

Y así, con un formato diferente e informal en el que son los propios asistentes los que eligen y debaten los temas, el aprendizaje es mucho más potente dado que se da prioridad a la conversación frente a la simple presentación. El editorial ofrece diez sencillos consejos para dar un paso adelante:

1. No todo evento puede ser una desconferencia. Si buscas interacción entre los asistentes, el grupo no es muy numeroso y pretendes crear un entorno creativo de discusión, no lo dudes. Pero ante un auditorio de 500 personas, tal vez no tengas otro remedio que recurrir al método tradicional. Eso sí, en un gran congreso hay sitio para todo: desconferencias, mesas redondas, etc.

2. Elige el formato adecuado. Desde el world cafe, al hackathon, los pechakuchas o incluso el modelo pecera... Todo es posible. Y si no te gusta un modelo prefijado, inventa uno propio.

3. Debes tener un objetivo claro. Sentarse con otras personas sin saber el tema principal o sin permitir que el tema sea compartido con los asistentes, puede acabar provocando que la desconferencia fracase.

4. Las presentaciones formales deben ser cortas y muy ágiles. Si el tiempo de debate lo consume una charla magistral, la inteligencia colectiva se quedará en la última fila, sin decir nada.

---

94 Budd, A., Dinkel, H., Corpas, M., Fuller, J. C., Rubinat, L., Devos, D. P., ... & Sharan, M. (2015). Ten simple rules for organizing an unconference. PLoS computational biology, 11(1), e1003905.

5. El diseño y ejecución del evento debe ser compartido con todos los asistentes. Es necesario que todos participen en la elección de temas, de ponentes, de sistema de discusión, etc.

6. Evita los entornos rígidos y crea un ambiente que facilite la participación y la conversación. Las barreras deben ser mínimas y el mobiliario y la disposición de las sillas debe favorecer la interacción.

7. Debes confiar en los participantes. El éxito de la desconferencia depende de todos, ya que no hay un control directo sobre el evento. Además, dado que la asistencia es voluntaria, los asistentes asumen que tienen una función mucho más activa que en otros eventos. Por si acaso, es útil tener ciertas fórmulas de dinamización de la conversación.

8. La comunicación es la base de la desconferencia, y además debe ser informal. Y si permitimos que todos los asistentes puedan opinar, es importante que dispongan de otros canales para mostrar su opinión, intercambiar ideas y escuchar a otras personas. Twitter es muy importante (proyectar el hashtag puede ayudar mucho), pizarras, hojas blancas grandes en las paredes y rotuladores, wikis o editores abiertos tipo Google Drive.

9. Es tan importante el viaje como el destino. El aprendizaje colectivo permite que el propio proceso de intercambio sea tan rico como el conocimiento que se adquiere. Por ello, es esencial disponer de documentación, herramientas de intercambio, y permitir que la conversación se prolongue más allá del tiempo de la desconferencia.

10. Todas las ideas son útiles. Al igual que en los brainstorming, no se puede descartar ninguna idea ni opinión. Por eso es importante tener canales de comunicación para que cualquier persona pueda expresarse, en cualquier momento y de cualquier manera. Un dibujo, una palabra, un gesto, un vídeo, etc. ¡todo sirve!

Así que si vas a organizar un evento, un congreso o unas jornadas, prueba con una desconferencia. Ser diferente tiene su precio, pero el resultado merece la pena...

¿Sueñan los gerentes con bases de datos?
(Publicado originalmente el 23/01/2014)

La serendipia bloguera existe... un post que te lleva a otro, un enlace que guardas por si algún día te sirve, una relación inesperada entre una cita y un tuit que guardaste hace 4 días. Y de repente todo tiene sentido.

Todo empieza en el blog de Rafael, el microbiólogo bloguero que publicó una entrada[95] titulada "*Bajo el dominio de Saturno y otros titanes*". Tras enumerar algunos de los problemas que tienen en Castilla y León con Saturno, una aplicación centralizada para la gestión de suministros, compras y almacenes, pedía en voz alta que los gestores y dirigentes de los servicios de salud tuvieran algunas nociones básicas de bases de datos o de programación (entre otras cosas): "*Pero no tenemos suerte. Los gerentes no han oído jamás hablar de las reglas de Codd para la construcción de bases de datos relacionales, ni son conscientes de la cantidad de recursos (tiempo y dinero) que se desperdician en la digitalización descuidada de datos.*"

Quizás a la hora de dirigir un centro sanitario es importante saber cómo se gestiona el presupuesto público, pero también es conveniente saber distinguir palabras tan agresivas como SQL o PHP o conocer cómo se difunde información a través de las redes sociales. Y sinceramente, pocos cursos de gestión enseñan estas cosas.

Y mientras le dábamos vueltas a la propuesta de Rafael, encontramos una entrada[96] de Radar (el blog de O'Reilly sobre tecnología) acerca de la necesidad de aprender a programar. Pero no se trata de promover un país lleno de programadores (ahora lo estamos llenando de community managers), sino de dar a conocer las posibilidades de la programación y de tener unas nociones básicas.

---

95 Accesible en el enlace: http://medicablogs.diariomedico.com/micro/2014/01/22/bajo-el-dominio-de-saturno-y-otros-titanes/
96 Accesible en el siguiente enlace: http://radar.oreilly.com/2014/01/the-reason-everyone-should-learn-to-code.html

Precisamente para eso, en Estados Unidos existen algunas iniciativas que merece la pena comentar. Una es la web code.org dirigida a promover el aprendizaje de la programación y que incluye cursos gratuitos y básicos de creación de juegos, apps, JavaScript, Python, animación, etc. En la web aparecen los enlaces a los cursos, además tiene una versión en español. Otra iniciativa es Code Academy, una web educativa sin ánimo de lucro (todo gratis de nuevo) para aprender programación y que permite también subir cursos. También hay algunos en español.

Quizás la parte más friki de la gestión siempre se ha quedado fuera de la seriedad del mundo gerencial y político, pero en un entorno tan tecnológico y tan basado en los sistemas de información, no estaría mal que los decisores tuvieran algunas nociones básicas de estos temas. Seguramente así evitaríamos muchos de los problemas de diseño que tienen ciertas aplicaciones como las de historia electrónica o las de prescripción.

Formación en gestión sanitaria: ¿nuevas materias para nuevos tiempos?
(Publicado originalmente el 04/02/2015)

Hace poco más de año, se nos ocurrió publicar en el blog una entrada pidiendo que la formación de directivos en el ámbito sanitario incluyera unos conocimientos básicos en bases de datos, sistemas de información, UML y diseño de procesos. El objetivo no era transformar al gerente en un programador, pero al menos que esos temas no le sonaran a chino.

En una línea similar, hace unos días, Amalio Rey publicaba en Sintetia un listado[97] de 15 materias que deberían añadirse a los programas formativos para gestores. Y como su entrada nos ha encantado, hemos decidido seleccionar las materias que mejor se adaptan al mundo sanitario por si alguna escuela de formación o universidad se atreve a cambiar el sistema sanitario con la formación.

Esta es nuestra propuesta, usando algunos de los temas que propone el post de Amalio Rey y añadiendo algunos más:

– Historia crítica del management. Estudiar los errores del pasado para mejorar el futuro, evitando que las nuevas teorías nos engañen (como señala el conocido efecto halo).
– Antropología de la innovación. Señala Amalio que es tan importante conocer la organización como sus datos.
– Si hablamos de la comunicación y de la creatividad, es esencial cambiar el lenguaje y para ello, nada como la poesía y la literatura.
– Visualización de datos. En pleno siglo XXI, es tan importante el dato como la forma de transmitirlo.

---

[97] Accesible en el siguiente enlace: https://www.sintetia.com/15-materias-que-no-vas-a-ver-todavia-en-la-formacion-empresarial/

— Organización abierta y open leadership. Transformar las organizaciones sanitarias, hacerlas más transparentes, empezar a entender que la apertura y la participación son esenciales.

— Marketing ético (y social). Conocer los mecanismos de cambio social y de transformación personal. El marketing es una herramienta de gran potencia para promover hábitos saludables y generar estrategias de salud dirigidas a la población, y el directivo debe conocer sus elementos esenciales.

— Estadística. Pues sí, entender los datos y evitar meter la pata con porcentajes, probabilidades, etc. En algunos cursos ya es habitual este tipo de asignaturas.

— Inteligencia colectiva y web 2.0. Uber o Airbnb han transformado el mundo empresarial, y en breve este tipo de experiencias transformarán la salud. Los líderes deben manejarse perfectamente en este nuevo entorno.

— Evaluación económica y de tecnologías. Lógicamente no pedimos conocimientos como para elaborar un informe completo, pero si para entenderlo adecuadamente, extraer la información útil, comparar y tomar la mejor decisión. Afortunadamente este tema si empieza a estar presente en muchos cursos.

— Gestión del conocimiento. Revisiones sistemáticas, búsqueda de información, difusión de conocimiento, etc. Un clásico imprescindible para un jefe.

— Acabamos con el primero: sistemas de información y bases de datos. Incluso algo de sql o de programación muy básica.

Algunas pueden parecer algo atrevidas, pero otras son esenciales. Y otras son perfectas para el autoaprendizaje, ¿empezamos con la poesía?

Artículos científicos al peso: algo hay que hacer
(Publicado originalmente el 03/01/2017)

Vuelve la época de oposiciones y concursos para acceso a puestos fijos en los servicios de salud. Repasar temas de tu especialidad, recopilar la documentación para la fase de concurso y buscar cualquier papel que acredite aquel curso de hace 12 años... y es que un punto puede implicar que la balanza se incline hacia un lado o hacia otro.

Un apartado habitual en los baremos de la fase de concurso es la publicación de trabajos científicos. Lo más habitual es puntuar las publicaciones en revistas científicas nacionales e internacionales, sin especificar el tipo de revistas. ¿Es realmente un mérito adicional el hecho de publicar un artículo en una revista internacional o nacional? Pues depende.

La diferencia entre revista nacional e internacional es muy llamativa, y de hecho es habitual que el artículo en revistas internacionales puntúa el doble que en las nacionales. No importa si la revista de fuera tenga diez lectores o un proceso de revisión endeble, ya que por el mero hecho de ser internacional ya supera a las revistas de aquí, incluso a esas que están entre las de mayor factor de impacto de su especialidad. ¿Es conveniente esa diferencia? ¿No se puede afinar más?

Otro aspecto llamativo (y escandaloso) de esta forma de puntuar es la existencia de las llamadas "*predatory journal*". Tal y como cuenta este artículo[98] del blog Nada es Gratis, se trata de "*aquellas revistas que, con una pretendida apariencia académica, están dispuestas a publicar cualquier artículo que reciban, independientemente de su calidad, a cambio de una módica suma de dinero*". Es decir, las típicas revistas que te escriben pidiendo originales, e incluso te invitan a formar parte de su

---

[98] El artículo se puede leer en este enlace: http://nadaesgratis.es/bagues/a-walk-on-the-wild-side-una-investigacion-sobre-la-cantidad-y-calidad-de-las-publicaciones-predatorias

comité editorial, y que acaban aceptando artículos como el mítico "*Get me off your fucking mailing list*" cuyo texto repetía cientos de veces esa misma frase. En resumen, revistas que publican cualquier cosa siempre que pagues sus tasas, y en las que las revisiones son inexistentes.

En los listados de revistas sospechosas de utilizar estas prácticas poco científicas hay más de 100 publicaciones relacionadas con la salud, la medicina, enfermería o farmacia. Lógicamente, si quiero publicar tres artículos en estas revistas, no hace falta que me esfuerce mucho: lo único es pagar las tasas de publicación y se acabó el problema.

¿De qué forma se pueden distinguir las revistas serias de las revistas "todo por la pasta"? Lógicamente, sería interesante que en los concursos-oposiciones para acceso a plazas fijas se diferenciara a las revistas valorando solo las que publiquen originales que han sido revisados adecuadamente, bien por estar indexadas o por tener un factor de impacto mínimo. Algo hay que hacer (y eso que el factor de impacto no nos gusta mucho) ... De lo contrario nos encontraremos con casos como el de profesores universitarios cuya mayor parte de producción científica es en revistas menores (o en predatory journals), sin que nadie diga nada.

Sobre el autor

Miguel Ángel Máñez es economista y se dedica al mundo de la gestión sanitaria de organizaciones públicas desde el año 2001. Ha trabajado en el hospital Virgen del Puerto (Plasencia), Hospital de Mérida, Hospital Virgen de la Arrixaca (Murcia), Hospital Verge dels Lliris (Alcoi), Departamento de Salud de Sant Joan (Alicante), Departamento de Salud de Sagunto (Valencia), Departamento de Salud de Elda (Alicante), Complejo Hospitalario de Toledo y Hospital Universitario de Fuenlabrada. Desde el año 2006 ha desempeñado puestos directivos en el ámbito de la gestión económica, compras y recursos humanos.

Es autor y editor del blog Salud con Cosas desde su creación en el año 2007. Además, es profesor en diversos cursos y programas formativos sobre gestión sanitaria, web 2.0, marketing, liderazgo, etc. y ha participado como ponente en congresos y jornadas.

Usuario activo de redes sociales, cree firmemente en el poder de las conexiones y del aprendizaje colaborativo para la difusión del conocimiento.

Contacto con el autor: manyez@gmail.com
Twitter: @manyez

www.ingramcontent.com/pod-product-compliance
Lightning Source LLC
Chambersburg PA
CBHW020426220526
45464CB00002B/583